ANTI-STRESS
WORD
SEARCHES

Dr Gareth Moore is the author of a wide range of brain-training and puzzle books for both adults and children, including *Anti-stress Puzzles*, *Clever Commuter*, *Fast Brain Workouts*, *Brain Games for Clever Kids* and many other titles.

He created the daily brain-training site **Brained Up**, www.brainedup.com, and runs the puzzle website PuzzleMix.com. He gained his Ph.D from Cambridge University in the field of Machine Learning, and has contributed to various advanced projects for leading technology companies.

ANTI-STRESS
WORD
SEARCHES

DR GARETH MOORE

Michael O'Mara Books Limited

First published in Great Britain in 2016 by
Michael O'Mara Books Limited
9 Lion Yard
Tremadoc Road
London SW4 7NQ

A CIP catalogue record for this book is available from
the British Library.

Papers used by Michael O'Mara Books Limited are natural, recyclable
products made from wood grown in sustainable forests. The manufacturing
processes conform to the environmental regulations of the country of origin.

ISBN: 978-1-78243-610-2 in paperback print format

1 2 3 4 5 6 7 8 9 10

www.mombooks.com

Designed and typeset by Gareth Moore

Printed and bound in Great Britain by CPI Group (UK) Ltd,
Croydon, CR0 4YY

CONTENTS

Introduction 6

Easy Puzzles . . . . 7 – 63

Medium Puzzles . . . . 64 – 120

Hard Puzzles . . . . 121 – 177

Solutions . . . . 178 – 192

Stress-busting with Puzzles

Step back from the stresses of everyday life with this book of word search puzzles, letting the tensions of the real world drift away as you tackle these stress-busting challenges.

Puzzles help provide a strong sense of achievement as you make deductions, rewarding your brain with a flow of feel-good endorphins. These directly help you to relax, reducing the sensation of pain and inducing feelings of pleasure. Your relaxed brain can then think better, smarter thoughts, sometimes even freeing your mind to make progress on the tasks that were causing stress in the first place!

How to Solve Word Search Puzzles

To solve a word search puzzle you must find all of the listed words or phrases hidden within the grid. These may be written forwards or backwards in any direction, including diagonally.

Ignore any spaces or punctuation in the word list – it is just the letters you are looking for in the grid.

There are three levels of difficulty in this book, and as the puzzles get trickier you'll find larger grids with more words to find!

Rooms

```
C G R O P M M O O R E R O T S
E L A M O W R R C N N O R R D
W L A L R R O I E C O L C U A
T M D S O T T R D Y A M M A F
C O I B S T N O K B O P L R W
O O M O A R R E O R A F A T R
S R T C R M O R M N O O Y E R
D D A O I B A O T E E O C R R
A E O T U T Y R M O S E M C C
A B O R O R Y R M T P A R B E
Y R P R P A Y R E T O N B A L
Y T Y E R R R R I S R Y Y C L
M O O R D R A O B T R E D M A
A R R A E G N U O L T U R A R
R E B R P A R L O U R E N U B
```

ATTIC	LABORATORY
BASEMENT	LOUNGE
BEDROOM	NURSERY
BOARDROOM	PANTRY
CELLAR	PARLOUR
CLASSROOM	RECEPTION
DORMITORY	STOREROOM
FOYER	WORKROOM

Paper Sizes

```
Q A E X E C U T I V E I A T M
L O A R S U S R L Y U A L E A
E X V R O T P E R E E A D M T
T L L A C A T A C O G I A L L
T T T T T H G T A C U A E I A
E S N S C C I C O M P U L I S
R L W T O H O T A B L O I D M
G T O T F P C E E O Y D R S F
R I R R W A L F R C L M A L E
G M C U A A N L R R T B E L I
T A P E T T E F A Q E U L D R
E G X Q E H U A O M V O R M B
E I I E E O R U W L S B E A W
H R A U H S R T T B D D A S L
A O M T S M D W S Q U A R T O
```

ARCHITECTURAL	LETTER
ATLAS	MEDIUM
BRIEF	OCTAVO
CROWN	ORIGAMI
DEMY	QUARTO
EXECUTIVE	SHEET
FANFOLD	SMALL POST
LEGAL	TABLOID

Horse Colours

```
Y U S K C D L A B W E K S A E
B U N D R H E O K A B R O W N
L E C I I A E R N T M F Y N L
M I E L H A N S B I T A L T B
T E L N A N A A T A M T C B H
A N A A K Y E L O N Y O B T D
O O P L S E B T B T U A L A A
R P T R C N E A T I N T A A G
A E I P C L U B N I N I T N P
O I W E P O G D I K B O P I Y
A A O P B B M A E R C A P A E
K B A C O A N E M I N I E E R
T D Y P L P L E E E N N I L G
E A M C B L A D K C A L B M F
L M F E E I P N N L A A D A E
```

ALBINO   DUN
BAY   FLEA-BITTEN
BLACK   GREY
BROWN   PALOMINO
CHESTNUT   PIEBALD
CLAYBANK   PINTO
CREAM   ROAN
DAPPLE   SKEWBALD

Spacecraft

```
U  S  U  O  R  M  E  S  S  E  N  G  E  R  N
S  P  A  C  E  S  H  U  T  T  L  E  O  R  L
P  E  I  M  A  R  I  N  E  R  T  A  E  U  X
E  R  E  U  M  P  O  E  C  M  S  D  N  R  X
O  E  S  K  L  L  M  I  U  S  N  A  H  E  I
T  E  K  A  L  E  S  G  E  I  R  L  A  G  D
E  B  L  O  I  S  E  R  F  O  T  A  K  A  S
A  R  P  I  S  U  P  H  R  B  I  I  R  Y  N
U  A  L  S  L  X  T  B  T  R  N  E  K  O  I
I  T  X  M  E  A  I  E  E  T  E  S  I  V  N
K  R  O  S  P  T  G  S  U  N  V  M  P  I  P
I  A  R  S  E  L  M  P  O  V  O  S  T  O  K
C  A  R  R  U  T  S  I  Y  R  U  C  R  E  M
M  A  T  L  S  Y  P  R  G  S  K  Y  L  A  B
M  G  S  B  O  O  C  G  N  I  K  I  V  S  O
```

APOLLO	MESSENGER
GALILEO	PIONEER
ISS	SKYLAB
LUNAR ORBITER	SPACE SHUTTLE
MARINER	SPUTNIK
MARS EXPRESS	VIKING
MARS PATHFINDER	VOSTOK
MERCURY	VOYAGER

Extinct Animals

```
M  E  X  I  C  A  N  G  R  I  Z  Z  L  Y  I
R  S  L  C  R  A  G  L  S  B  L  A  E  B  M
U  T  T  L  Z  E  E  G  R  I  I  W  S  A  P
I  S  A  E  E  T  G  I  A  T  Q  R  S  L  O
N  L  R  R  L  Z  A  I  U  U  T  K  E  L  S
R  C  P  G  E  L  A  H  T  A  Q  N  R  A  T
U  U  A  I  L  V  E  G  R  I  C  I  B  W  E
N  B  N  A  E  N  A  R  D  Z  L  M  I  E  R
R  A  A  E  A  L  O  C  S  E  H  A  L  H  H
N  N  I  T  N  R  G  Q  S  S  R  E  B  C  U
E  C  N  E  E  T  E  R  M  E  E  S  Y  A  T
L  O  W  P  P  C  K  P  L  T  R  A  H  L  I
M  N  M  B  Y  T  U  T  C  D  I  R  C  O  A
D  E  S  E  R  T  B  A  N  D  I  C  O  O  T
B  Y  S  A  U  W  E  R  H  S  E  L  U  T  W
```

BALI TIGER
CUBAN CONEY
DESERT BANDICOOT
EMPEROR RAT
IMPOSTER HUTIA
LESSER BILBY
MEXICAN GRIZZLY
MONTANE HUTIA

QUAGGA
RED GAZELLE
SEA MINK
STELLER'S SEA-COW
TARPAN
TOOLACHE WALLABY
TORRE'S CAVE RAT
TULE SHREW

Superfoods

```
T  H  S  F  J  R  Q  U  I  N  O  A  A  N  S
S  F  L  A  X  S  E  E  D  S  C  D  S  T  M
W  P  C  W  T  A  R  B  S  S  E  S  U  N  M
A  O  I  T  A  E  N  L  R  E  D  O  O  O  P
G  C  P  N  A  E  E  I  W  O  R  N  R  M  I
N  O  A  I  A  N  T  A  L  P  A  E  E  L  I
N  O  J  I  T  C  E  N  S  U  E  I  L  A  S
S  E  L  I  B  S  H  S  E  R  R  T  A  S  D
O  D  L  E  B  E  L  L  X  E  X  I  K  S  E
U  S  N  U  M  E  R  I  R  U  R  E  P  S  E
S  S  N  O  S  R  R  R  I  O  S  G  U  S  S
S  D  A  S  M  S  E  R  I  S  C  A  R  S  A
N  L  U  E  G  L  E  T  I  E  S  K  N  D  I
S  R  I  L  L  A  E  A  E  S  A  E  T  H
B  A  A  D  E  H  K  U  L  W  S  L  M  T  C
```

ACAI BERRIES	LENTILS
ALMONDS	QUINOA
BRUSSELS SPROUTS	ROCKET
CHIA SEEDS	SALMON
FLAXSEEDS	SEAWEED
GOJI BERRIES	SPINACH
GREEN TEA	SPIRULINA
KALE	WATERMELON

Getting Ready for the Day

S	A	A	C	L	O	T	H	E	S	T	I	T	E	H
O	M	O	S	O	K	R	O	O	E	R	T	E	E	H
O	L	P	H	E	H	H	F	Z	E	P	N	L	U	I
P	E	F	A	S	O	D	O	Z	A	R	E	L	B	E
M	H	L	V	S	H	R	I	H	S	P	O	A	E	E
A	C	O	E	B	E	R	S	S	N	N	T	X	T	S
H	L	S	R	E	U	A	T	O	O	H	F	S	C	O
S	P	S	O	T	W	E	N	L	E	O	A	E	H	I
F	E	O	S	E	T	K	O	T	L	P	S	L	S	A
O	S	I	S	A	C	O	O	I	H	O	E	Y	M	A
P	O	A	A	U	R	W	A	T	A	E	S	T	I	C
M	P	B	L	F	E	T	O	P	O	P	F	S	O	I
L	R	P	T	L	E	O	S	E	Z	E	O	M	T	Y
R	E	N	O	I	T	I	D	N	O	C	B	O	E	O
S	I	Z	T	N	A	R	O	D	O	E	D	A	E	T

BATHE
CLOTHES
COMB
CONDITIONER
DEODORANT
EXFOLIATE
FLOSS
MOISTURIZER

PLUCK
SHAMPOO
SHAVER
SOAP
STYLE
TOOTHPASTE
TOWEL
WASH

Japanese Emperors

```
O T T I A H T O I O F O A O O
T T T I T O K S T U U O A T U
E O I O O I O I O O S H F I O
O H T H H O H T I S A H T H T
N T I S A U R K H H H E O O I
O T O R S G O I I O I S T M H
O T O T O T A D G A T A S O A
A O U T O N E N S U O T O T S
O M T H I H A A T T S O T A O
I H I I I H H R S T O H I U S
R T H T H I U O I H O I H K A
O N O I T I T G S I H T U M O
E U U O I T M M U O H O R T H
T A Y A H I T O T S T O E O M
U T M O O D I T H T T I T T U
```

ASAHITO	NAGAHITO
AYAHITO	OSAHITO
FUSAHITO	SATOHITO
HIDEHITO	TERUHITO
HIRONARI	TOMOHITO
KOTOHITO	TOOHITO
MIHITO	TOSHIKO
MUTSUHITO	TSUGUHITO

Busiest British Railway Stations

```
I  C  T  D  H  R  L  L  T  L  M  L  D  N  F
V  D  E  G  D  I  R  B  N  O  D  N  O  L  D
C  H  E  T  X  O  E  L  B  N  O  D  L  A  A
S  N  R  S  O  T  N  R  O  D  Y  R  R  R  S
N  O  T  R  E  N  I  M  E  O  R  N  D  T  T
E  T  S  T  O  G  H  L  R  N  S  L  P  N  R
A  S  L  G  H  C  B  C  A  V  E  A  E  E  A
L  U  O  T  I  M  T  E  T  I  N  S  S  C  T
A  E  O  R  I  S  F  L  F  C  P  R  N  W  F
C  N  P  W  A  O  A  F  R  T  E  Y  N  O  O
V  O  R  E  G  O  E  A  O  O  I  T  O  G  R
S  D  E  E  L  H  S  E  G  R  R  E  C  S  D
E  N  V  S  S  R  E  A  D  I  N  G  N  A  S
N  O  I  T  C  N  U  J  M  A  H  P  A  L  C
A  L  L  A  H  X  U  A  V  R  V  A  L  G  E
```

BRIGHTON	LONDON VICTORIA
CLAPHAM JUNCTION	READING
EAST CROYDON	RICHMOND
GLASGOW CENTRAL	SHEFFIELD
LEEDS	ST PANCRAS
LIVERPOOL STREET	STRATFORD
LONDON BRIDGE	VAUXHALL
LONDON EUSTON	WIMBLEDON

American Second World War Aircraft

```
E U S D R A V R A H S A H M V
E F L K A H H A V O C G F N O
U T K L Y R E G N E V A L T U
L O D N A M M O C A I C Y D L
L L L A T H A O B S S A I M L
E R R A S R R S E A R H N A A
H T E H F S H N T B A A G R S
C M S V A F T U O E V V F A T
T U L I I I U C D A R I O U M
I S R E N D A B A S E H R D M
M T A E D R L F A I O H T E U
G A L L I M T L E D T N R R H
T N S A G E V I E L A E E N R
A G H D I D N O R H I E S R O
A Y A A N I L A T A C L S F S
```

AIRACOBRA

AVENGER

BUFFALO

CATALINA

COMMANDO

CORSAIR

FLYING FORTRESS

HARVARD

HAVOC

HELLDIVER

HUDSON

MARAUDER

MITCHELL

MUSTANG

SENTINEL

SKYMASTER

Programming Languages

```
P  S  L  L  A  B  H  P  L  A  C  B  C  Y  L
M  R  S  A  P  F  A  R  N  S  J  S  T  H  J
J  T  E  A  B  S  E  I  A  P  I  B  E  V  R
U  K  M  S  C  P  H  D  S  N  L  I  A  P  K
R  P  V  A  T  O  N  A  M  E  E  I  L  E  L
R  C  L  S  F  A  B  N  S  T  N  D  S  S  A
U  S  O  R  R  O  N  J  S  K  E  L  S  P  T
L  S  A  I  A  A  R  P  E  U  E  J  S  E  L
A  T  M  D  S  U  L  T  R  C  L  L  A  S  L
C  P  H  P  A  A  Y  U  R  L  T  L  L  C  A
A  S  P  U  E  A  B  J  M  A  R  I  M  A  M
M  V  H  L  T  K  U  L  P  I  N  A  V  H  S
K  O  A  A  C  S  R  S  M  A  S  B  O  E  M
E  L  S  J  R  P  D  P  D  E  A  A  A  D  C
E  I  K  L  C  P  A  C  A  L  O  B  O  C  M
```

ADA	MIRANDA
ASP NET	OBJECTIVE-C
C SHARP	PASCAL
COBOL	PERL
FORTRAN	PHP
HASKELL	RUBY
JAVA	SIMULA
LISP	SMALLTALK

Places to Sit

A	L	R	A	A	G	I	B	E	R	E	G	R	E	B
H	F	L	E	R	R	H	T	A	B	A	E	U	O	U
H	A	R	R	D	I	M	I	I	H	G	R	S	D	H
C	U	O	I	N	H	R	C	E	A	R	E	I	I	H
N	T	C	A	H	E	E	E	H	B	D	N	R	R	R
E	E	K	H	I	R	V	I	D	A	I	I	I	I	E
B	U	I	C	G	R	R	R	N	N	I	A	D	R	I
E	I	N	H	H	E	A	C	G	B	H	R	R	E	F
F	L	G	T	C	R	C	C	A	C	R	A	B	N	F
F	O	C	A	H	H	H	L	Y	E	I	E	L	I	L
U	N	H	B	A	A	H	S	G	E	A	O	I	L	I
O	I	A	R	I	N	A	N	A	N	O	D	R	C	A
P	R	I	R	R	E	U	I	B	T	E	I	U	E	E
R	M	R	G	A	O	R	A	S	D	I	E	H	R	R
F	A	E	R	L	R	G	A	A	H	I	C	N	R	R

ARMCHAIR
BATH CHAIR
BEANBAG
BENCH
BERGERE
CARVER
DINING CHAIR
EASY CHAIR

FAUTEUIL
HIGH CHAIR
LOUNGER
POUFFE
RECLINER
ROCKING CHAIR
SEDAN
STOOL

Words without Vowels

```
F  L  Q  D  K  U  F  B  R  B  H  O  J  C  Y
F  R  A  E  C  X  U  E  H  O  L  L  R  C  P
H  Y  D  Y  M  Q  N  S  Y  W  G  L  U  A  C
T  P  W  L  Q  M  H  R  T  Z  Y  A  Y  H  X
N  Q  D  F  A  P  G  T  H  Q  V  K  C  H  G
Y  W  A  E  M  P  V  S  M  H  H  K  L  B  G
S  E  R  Y  X  Y  T  Y  N  H  P  N  I  G  M
P  N  N  Y  T  P  H  Z  E  X  D  L  I  U  W
N  S  C  D  L  W  T  Y  N  G  K  D  Y  P  E
Z  A  Q  R  Y  Y  B  G  X  Y  R  F  T  S  E
S  T  V  L  T  R  Y  Y  M  R  A  Q  V  O  Z
G  W  R  K  F  J  O  G  R  A  K  B  W  C  S
E  H  T  I  Y  B  Y  R  H  I  H  C  N  Y  L
V  P  P  T  F  P  B  S  O  N  I  C  R  Y  N
I  C  S  O  U  N  X  O  L  I  Y  M  E  I  F
```

BRRR	RHYTHM
CRY	STY
FLY	SYLPH
GHYLL	SYNTH
HWYL	SYZYGY
LYNCH	TRY
NYMPHS	WRYLY
PYGMY	WYN

Scooter Tricks

```
B L R L C A N V E R R D B R E
W A O A T D A O R U E O U O O
O R N P O O Y E L L A D N F L
E O E K I I W O D R K T N E E
T U H K T L T A T R C R Y R F
A N A M C R F N L A E R H R L
H D N T P I A R N L A O O N B
N T D A C L L N E T P N P U P
R H E O P H O C S T T L T N I
N E R T H N A H L F O T A A V
T W O D B A T I L E E O E N O
T O T A H A R I R R E R C S T
F R L A E O P R C M W H U S A
C L C D P V O U E R A A E I R
A D H S A L P I H W L N R C T
```

ALLEY-OOP
AROUND THE WORLD
BANK TRANSFER
BUNNY HOP
BUTTERCUP
CANNONBALL
CHAIRMAN
DEATHSTAR

FOOT PLANT
FRONTFLIP
HEEL CLICKER
ONE HANDER
PIVOT
SCOOTER FLIP
WALL PLANT
WHIPLASH

Geographic Features

```
D  V  I  A  A  P  S  C  N  L  E  A  D  N  E
E  O  L  A  A  R  E  I  C  A  L  G  O  V  Y
O  Y  O  N  H  W  A  T  E  R  F  A  L  L  L
M  O  N  W  N  E  A  L  V  A  G  A  V  O  V
G  C  A  N  Y  O  N  O  E  O  C  N  D  S  P
S  P  E  E  E  A  A  E  R  S  D  E  T  W  L
E  I  S  A  V  A  N  N  A  H  H  S  P  S  M
G  E  C  N  G  E  Y  S  E  R  E  E  A  R  N
C  N  A  L  A  R  E  G  I  R  A  S  P  I  O
N  D  V  W  R  E  D  T  O  K  P  O  A  U  E
W  H  E  V  O  I  C  F  N  N  N  L  C  K  G
A  A  A  D  N  D  A  O  C  D  L  N  A  T  E
T  D  L  E  V  E  A  J  U  N  G  L  E  I  O
G  O  N  I  E  N  E  E  W  C  E  P  H  T  N
N  I  A  T  N  U  O  M  M  L  E  G  F  C  A
```

CANYON	OCEAN
CAVE	PEAK
FOREST	PLAIN
GEYSER	POND
GLACIER	SAVANNAH
JUNGLE	VELDT
MEADOW	WATERFALL
MOUNTAIN	WOOD

International Film Festivals

```
A  B  U  C  K  V  O  E  N  N  A  P  N  A  A
Y  O  B  I  B  A  E  N  N  W  R  N  Y  N  S
A  R  T  C  E  T  R  M  R  A  R  A  A  E  T
R  T  D  E  I  O  I  L  G  A  N  T  N  N  O
A  B  A  L  C  A  O  U  O  T  C  N  A  C  R
B  L  A  M  M  I  E  E  W  V  A  O  C  L  O
R  L  O  I  P  I  N  E  P  C  Y  A  L  R  N
A  A  C  N  A  E  R  E  E  M  M  V  V  A  T
B  E  O  M  D  P  R  R  V  B  K  O  A  A  O
A  R  R  L  O  O  B  E  R  U  R  D  A  R  K
T  T  K  R  E  G  N  I  K  I  O  C  C  R  Y
N  N  L  B  R  I  D  O  D  Y  Y  E  R  N  O
A  O  N  V  I  G  O  V  S  N  W  R  R  B  M
S  M  R  O  E  T  N  I  L  R  E  B  Y  C  D
Y  O  N  I  A  R  N  I  E  T  N  R  A  A  O
```

ANTWERP
BERLIN
CAMBRIDGE
CANNES
CORK
KARLOVY VARY
LOCARNO
LONDON

MIAMI
MONTREAL
NEW YORK
PRAGUE
SANTA BARBARA
TAMPERE
TORONTO
VENICE

Stars in the Sky

L	N	A	K	T	I	I	A	I	A	U	D	R	U	K
A	A	R	L	A	T	N	E	K	N	E	M	I	R	B
B	A	M	E	W	N	A	H	A	X	N	A	G	L	N
A	A	E	R	X	R	R	L	A	R	U	L	A	X	A
A	W	N	A	I	I	A	H	E	L	K	R	I	R	M
P	E	K	D	A	A	B	N	T	E	P	R	C	I	E
I	Z	A	A	L	N	E	E	X	O	T	H	A	A	N
N	E	L	H	P	L	D	A	E	A	I	P	A	K	G
H	N	I	I	H	A	L	D	L	A	L	L	A	R	U
P	A	N	F	E	H	A	L	A	A	D	F	A	T	D
R	N	A	P	R	O	E	G	C	P	R	H	D	L	C
F	U	N	N	A	B	C	I	X	I	I	H	A	R	A
I	Z	M	M	T	P	D	N	M	A	A	G	T	R	H
D	F	G	H	Z	U	A	M	N	M	I	Z	A	R	A
U	L	U	E	S	B	E	T	E	L	G	E	U	S	E

ADHARA
AL NAIR
ALDEBARAN
ALIOTH
ALPHARD
ALPHERATZ
BELLATRIX
BETELGEUSE

GACRUX
HADAR
MENKALINAN
MENKENT
MIAPLACIDUS
MIRFAK
MIZAR
WEZEN

Welsh Rulers

```
A W E H D F N Y A N Y S H H P
R R D E H Y O O O S L Y L Y H
T H W D A E I T W S W W E W Y
H Y Y D L N N H W E N H H E W
F S N S D O I W L I A I T L E
O A A A A O E A R O H I I D L
D B P O S P B H H L W Y P D A
D O G S R O A A T R H Y A A P
W W W F W S N R N N L R S I I
Y A R A W Y I A T R A A Y P E
Y I I I D W W G R H N G H H U
A N A D S R D U G P F W R E A
M N D S N H E N Y F T A N O F
D I P R U T A E B O D D E R M
I A I E U A F A P I D W A L W
```

ANGHARAD
ARTHFODDW
ATHRWYS
BODDW
EDWIN AB EINION
EDWYN AP GWRIAD
HYWEL AB OWAIN
HYWEL AP IEUAF

HYWEL DDA
IEUAF AP IDWAL
MORGAN THE OLD
RHAIN
RHYS AB OWAIN
RHYS AP ARTHFAEL
RHYS AP ITHEL
USAI

Gemstones

```
O C D R B A E T I N A Z N A T
L D I E P Z A E E U N A I U O
P A A T P E U A Z A L Q I E Z
E Q P T R O R T N E E E A N T
N T R I O I R I X N N E T O N
I E R M S A N A D B I N M T R
L N N A U L N E O O R I O S L
A R O Q T D A B A S T R I N P
M A A A R J S Z Q R N A S O E
R G T I A I R R U E O M S O A
U T T D D I R I Y L N A A M R
O E E I N A A R B N I U N A L
T L A I T S P E U T A Q I U E
A N I X L M M I R I A A T N D
A C A R N E L I A N O I E P N
```

ALEXANDRITE	MOONSTONE
AQUAMARINE	OBSIDIAN
CARNELIAN	PEARL
CITRINE	PERIDOT
GARNET	QUARTZ
JADE	RUBY
LAPIS LAZULI	TANZANITE
MOISSANITE	TOURMALINE

Dog Commands

```
E  Y  A  K  E  P  A  F  E  K  R  O  S  G  Y
V  T  H  A  A  P  L  T  Y  A  P  H  S  E  P
U  H  I  W  F  S  D  C  E  M  E  K  B  P  Y
M  R  S  S  O  M  A  A  E  P  L  I  C  E  E
K  E  Y  A  T  S  H  H  E  S  E  S  D  E  E
E  P  A  Y  H  M  T  C  V  D  E  S  K  K  C
E  A  E  G  L  E  U  C  T  W  Y  A  V  K  L
P  S  M  B  A  R  K  I  T  E  H  A  F  S  G
H  I  G  H  F  I  V  E  S  S  F  S  L  S  S
G  S  C  G  J  H  H  E  P  L  T  A  E  P  G
U  Y  A  I  E  T  S  V  M  S  O  L  E  I  A
H  S  A  E  L  T  H  E  L  P  E  W  P  A  S
P  D  P  E  C  P  U  E  A  E  M  Y  G  P  K
A  G  D  P  P  A  P  P  H  V  E  U  T  Y  A
A  C  O  M  E  U  D  U  A  A  E  E  J  H  T
```

BARK	JUMP
COME	KISS
EAT	PAW
FETCH	PLAY DEAD
GET UP	SHAKE
HEEL	SIT
HIGH FIVE	SLOW
HUG	STAY

Cold Words

L	N	C	F	E	B	U	N	R	R	S	L	H	K	T
R	I	I	L	B	Y	I	F	C	C	Y	L	F	L	B
R	I	I	E	R	L	R	U	A	L	O	P	E	N	B
T	O	R	F	N	E	T	A	L	F	F	O	A	B	Z
T	L	A	I	E	T	Y	I	E	R	U	Y	L	U	D
N	F	W	Z	I	B	H	R	O	R	H	T	I	E	N
G	N	I	N	T	C	F	S	T	T	O	S	C	R	R
B	N	G	O	A	I	T	W	A	B	I	N	E	N	B
G	D	U	I	F	Y	B	H	E	B	E	I	N	R	E
N	I	Y	E	E	L	Y	O	E	Z	Z	O	R	Y	F
P	G	T	R	E	R	Y	R	O	G	R	B	I	A	Z
Y	I	R	A	T	I	I	R	I	R	P	O	L	A	R
C	R	K	N	O	A	F	H	L	E	L	I	F	E	R
I	F	I	O	N	R	E	T	T	I	B	L	N	A	R
C	W	H	L	F	N	E	E	K	C	G	N	I	I	I

BITTER
BLEAK
CHILLY
COOL
CUTTING
FREEZING
FRESH
FRIGID

FROSTY
FROZEN
ICY
KEEN
POLAR
RAW
SIBERIAN
WINTRY

Types of Sausage

I U D G R N I R O E N R O L S
A C I A H A N G O L O B E A I
N A O I B H T A I L E A G O G
D C C C C B O A L A N O D R G
O I O V H E L R L I O N R E A
U U E L R A A O L E A G U N H
I G R A T A U E O L V G C E R
L N L A R O O R R D O R O I C
L I C G P D O E I D A S E W H
E L I V E R B Z T C A O O C O
T D E N C M C O I L E T E A U
T E U O U L H C A R L O O C R
E D G C A U H M Z G O V O O I
C U A I I A I L D R R H O O C
C H I P O L A T A E T O C G O

ANDOUILLETTE	CUMBERLAND
BLOOD	HAGGIS
BOLOGNA	HOT DOG
CERVELAT	LINGUICA
CHAURICE	LIVER
CHIPOLATA	LORNE
CHORIZO	SALAMI
CHOURICO	WIENER

British Titles

```
M S N D M E L A D Y E T A E S
S U S D O G H A S U Y M N S M
S B R R N U L T M D S E A I M
I U M E K M S S R S E N S D D
S G E T L D R I E U A S S L U
E R E S S S A U Q R S G C S C
M I Y A N L Q H I M L D K H H
S U A M E R O R T M S K M Y E
S I R H A M U A M E S E E N S
S D L M M E L R I D N L N C S
R R N M D H R D A R O D A S S
A S L R A U R D B U R Q S K S
N A O H T A K H R L A M U B M
T I R E A E K E E A B G N I K
N U D L G M A D A M U R R A S
```

BARON	LORD
DAME	MADAM
DUCHESS	MARQUESS
DUKE	MASTER
HRH	MISS
KING	MRS
LADY	QUEEN
LAIRD	SIR

Political Parties Around the World

```
A  T  C  C  R  S  M  U  R  R  H  L  R  R  A
R  L  O  S  U  R  S  O  U  C  M  A  R  T  O
S  E  N  M  O  M  I  U  U  L  C  I  G  L  R
F  S  V  F  B  C  P  L  T  A  E  C  S  O  B
S  S  E  O  A  C  I  T  A  R  C  O  M  E  D
S  R  R  L  L  C  R  A  O  E  M  S  E  C  N
C  R  G  T  P  U  A  N  L  B  M  N  U  A  A
A  O  E  T  I  O  T  I  T  I  R  A  T  R  S
U  A  N  K  N  P  E  I  L  L  S  I  Y  B  O
E  I  C  E  R  R  O  P  O  N  O  T  M  A  C
K  E  E  T  C  O  M  M  U  N  I  S  T  R  F
A  R  S  C  O  L  W  B  A  N  A  I  L  Y  I
G  E  G  O  A  E  N  L  U  T  R  R  G  R  S
L  A  N  P  R  C  R  W  R  B  R  H  Y  R  U
E  V  I  T  A  V  R  E  S  N  O  C  T  W  Y
```

CHRISTIAN SOCIAL
COMMUNIST
CONSERVATIVE
CONVERGENCE
DEMOCRATIC
GREEN
LABOUR
LIBERAL

NATIONAL
PEOPLE'S
PIRATE
REFORM
REVOLUTIONARY
SOCIALIST
UNITY
WORKERS'

Floor Coverings

```
Z  A  H  P  R  C  O  L  U  U  L  E  T  D  M
U  O  F  U  O  S  I  E  S  K  T  A  C  T  C
S  A  E  R  N  N  Z  F  I  R  X  D  B  O  F
M  T  K  E  O  E  S  L  U  M  M  F  S  T  U
T  S  R  L  I  L  D  B  I  A  O  A  Z  N  B
C  R  E  R  A  M  B  N  R  D  X  P  P  I  O
I  U  F  T  Z  E  S  B  O  O  I  L  S  A  E
M  T  E  E  R  T  L  O  N  S  U  O  E  L  O
P  S  U  E  E  E  W  Y  P  S  O  R  I  E  E
N  E  D  R  L  D  B  H  H  B  L  A  P  C  U
T  R  L  Y  R  R  F  L  M  I  O  E  C  R  O
P  S  U  A  T  S  H  A  G  P  I  L  E  O  A
I  U  H  X  G  T  B  O  O  T  E  R  R  P  E
O  R  U  C  M  U  S  O  F  T  W  O  O  D  C
A  T  T  O  C  A  R  R  E  T  R  T  X  X  D
```

AXMINSTER	PORCELAIN
BAMBOO	RUBBER
CORK	RUG
FRIEZE	SAXONY
HARDWOOD	SHAGPILE
LINOLEUM	SLATE
MARBLE	SOFTWOOD
PLUSH	TERRACOTTA

Birds

C	C	H	T	F	I	W	S	E	R	T	I	M	O	A
P	B	C	I	L	O	C	U	T	E	N	N	I	L	N
F	L	A	C	O	R	M	M	J	I	L	Y	L	K	E
E	U	C	K	U	C	N	E	T	N	E	P	E	C	N
W	U	C	T	H	Y	U	I	I	L	R	I	E	H	U
J	U	C	R	E	C	P	R	L	R	N	L	L	A	T
C	A	S	K	F	I	T	O	L	I	H	R	A	F	C
C	N	R	E	P	R	W	I	A	E	A	A	G	F	R
E	U	H	P	N	H	P	E	L	R	W	L	N	I	A
T	I	U	E	A	A	N	L	H	R	N	L	I	N	C
A	N	U	M	R	R	R	N	H	T	T	E	T	C	K
C	N	M	R	Y	L	W	C	T	A	F	N	H	H	E
C	E	O	T	P	I	W	P	R	K	U	U	G	R	R
R	T	I	P	U	R	I	B	A	J	E	R	I	H	C
C	T	E	R	P	O	N	W	N	C	E	P	N	L	T

CHAFFINCH
CRANE
CUCKOO
CURLEW
EMU
JABIRU
LINNET
NIGHTINGALE

NUTCRACKER
PARROT
PIPIT
PRUNELLA
SWIFT
TIT
TURKEY
YELLOWHAMMER

Keep it Clear

```
D  S  P  S  Y  C  T  S  N  Y  U  C  S  T  L
F  T  P  E  R  T  E  C  S  E  L  A  I  Y  E
O  U  R  P  L  A  I  N  N  E  S  S  P  E  S
L  A  I  E  S  U  F  R  A  N  K  N  E  S  S
I  Y  E  C  A  I  C  R  E  S  K  P  N  I  E
L  C  S  C  A  A  N  I  A  C  P  T  M  M  N
E  A  S  I  N  E  S  S  D  C  N  P  N  P  T
S  K  E  D  S  N  N  I  T  I  L  I  L  L  I
M  D  O  S  S  Y  T  S  A  I  T  Y  S  E  C
T  U  I  N  E  L  T  R  C  E  T  Y  M  N  I
R  U  E  I  N  Y  T  I  L  I  B  I  G  E  L
E  G  S  I  N  S  T  A  R  K  N  E  S  S  P
R  T  S  A  E  Y  R  U  A  A  N  A  I  S  X
E  X  N  R  P  A  P  S  S  R  L  U  A  A  E
C  C  L  K  O  K  S  M  Y  R  N  C  M  T  A
```

CANDOUR	OPENNESS
CLARITY	PLAINNESS
CLEARNESS	PURITY
EASINESS	RESTRAINT
EXPLICITNESS	SIMPLENESS
FRANKNESS	SIMPLICITY
LEGIBILITY	SINCERITY
LUCIDITY	STARKNESS

IKEA Products

N	O	S	D	L	E	R	R	M	S	R	T	O	D	E
F	A	T	R	T	H	N	N	O	A	M	R	N	T	E
J	S	R	A	O	K	N	R	T	A	R	S	A	A	K
E	I	I	M	L	A	M	M	A	A	M	S	P	T	R
L	A	N	S	O	D	R	H	A	K	L	D	P	S	P
L	S	D	O	N	K	U	S	O	H	E	A	I	L	A
S	E	T	B	K	M	P	K	I	N	R	R	L	A	L
E	N	L	S	A	A	L	T	E	S	L	E	K	V	K
A	M	L	G	M	I	R	O	A	N	A	J	D	S	M
M	E	O	N	A	R	L	L	H	T	I	G	N	O	D
E	H	L	I	N	C	I	D	S	K	E	E	H	T	S
N	K	T	L	D	I	S	G	R	T	C	N	R	D	J
A	L	E	K	A	I	A	R	E	O	A	O	N	M	A
A	E	I	N	L	R	E	E	N	R	N	D	T	O	D
E	U	N	K	K	L	T	U	L	L	S	T	A	S	T

DUKEN
FJELLSE
HEMNES
KARLSTAD
KLINGSBO
KLIPPAN
KRAGSTA
MALM

MANDAL
NORDLI
REKARNE
SODERHAMN
STOCKHOLM
STRIND
SVALSTA
TULLSTA

Footwear

```
E  B  D  L  O  R  G  T  F  F  P  O  M  G  E
E  H  L  A  T  L  H  L  L  L  R  B  F  S  A
O  S  H  T  I  A  B  I  A  H  O  L  P  G  R
E  O  L  M  L  R  P  T  M  W  E  A  A  I  L
R  L  E  P  O  F  F  P  L  R  D  L  T  T  I
P  A  P  G  L  O  O  I  E  R  C  L  H  A  P
L  G  U  O  R  C  N  K  I  W  M  I  P  S  P
L  E  P  M  L  G  A  L  L  A  G  L  N  I  F
O  L  E  O  F  E  L  R  T  H  H  A  I  L  B
S  I  G  I  N  E  P  L  H  P  E  K  S  C  R
M  U  B  S  O  T  T  E  L  I  T  S  A  O  E
I  R  O  R  P  H  E  R  S  O  L  H  C  U  F
L  P  O  I  R  L  H  P  U  M  P  L  C  R  A
P  R  T  U  E  E  P  L  E  O  O  O  O  T  O
E  I  K  O  O  L  S  G  L  U  L  E  M  E  L
```

BOOT	HIGH HEEL
BOWLING	LOAFER
BROGUE	MOCCASIN
CLOG	PLATFORM
COURT	PLIMSOLL
ESPADRILLE	PUMP
FLIP-FLOP	SNEAKER
GALOSH	STILETTO

The Birds and the Bees

R	P	R	E	O	I	E	C	I	F	I	L	O	R	P
E	S	T	E	O	R	C	T	I	P	D	A	P	R	E
P	D	U	C	C	N	R	N	E	E	U	I	E	R	B
R	T	O	R	E	E	O	T	E	I	B	R	T	T	R
O	I	R	O	T	S	R	R	S	R	I	N	P	M	E
D	E	E	T	A	S	B	E	E	S	P	I	R	T	E
U	C	I	E	D	R	E	E	B	I	H	T	E	T	D
C	L	S	H	E	B	D	O	T	S	R	T	U	E	E
T	N	U	T	S	I	T	B	T	I	B	E	N	R	R
I	E	N	E	N	S	D	R	M	A	T	I	N	G	R
O	I	C	G	R	I	U	E	E	R	G	I	D	E	P
N	R	A	R	E	O	R	E	A	E	O	D	S	I	R
U	D	O	U	C	H	B	R	I	N	H	E	A	T	L
E	N	O	I	T	A	E	R	C	O	R	P	E	I	E
P	D	I	P	U	T	O	U	T	C	D	L	H	O	T

BREEDER
BREEDING
COURTSHIP
IN HEAT
IN SEASON
INTERBREED
LITTER
MATING

OESTRUS
PEDIGREE
PROCREATION
PROLIFIC
PUT OUT
REPRODUCTION
RUT
SIRE

Just a Fantasy

O	L	N	I	E	M	U	C	I	E	A	N	F	I	A
F	I	C	T	I	T	I	O	U	S	N	R	A	C	E
F	O	M	I	N	T	R	N	T	S	L	S	I	A	S
D	V	I	P	O	I	L	E	O	G	U	I	R	F	N
U	T	I	X	R	I	A	X	P	O	F	E	Y	C	F
R	L	I	S	K	O	P	T	I	M	I	S	T	I	C
N	U	E	E	I	L	B	R	A	N	C	I	A	T	S
Q	T	L	G	T	O	E	A	N	W	N	V	L	S	T
E	Y	S	E	E	T	N	V	B	L	A	F	E	A	U
M	Q	I	D	S	N	T	A	N	L	F	G	N	T	U
O	F	L	Y	Y	C	D	G	R	A	E	T	I	N	S
A	I	M	A	G	I	N	A	R	Y	I	I	O	A	O
W	Q	B	U	I	O	A	N	R	A	D	R	G	F	C
S	T	A	R	D	U	S	T	A	Y	A	E	A	S	R
R	T	O	E	O	A	L	T	T	L	N	F	T	M	R

EXTRAVAGANT
FAIRY TALE
FANCIFUL
FANTASTIC
FICTITIOUS
IMAGINARY
IMPROBABLE
LEGENDARY

MYSTERIOUS
OPTIMISTIC
QUIXOTIC
STARDUST
UNLIKELY
UTOPIAN
VISIONARY
WILD

Something Strange

```
B D C S D I L C I T U C A T C
C N E A U L U O U R L T D C M
R R H T H O E N P I Y S E U S
S A N U C P I A P P N E L U D
X I C T P E P R I A S E O C D
O L O N C I P C U Q O L T N E
U U M A C I A X U C U A U O C
T C I I E L T E E C E U L L C
L E C V D N E A I N N E A Y E
A P A E R R N D R C U R M U N
N L L D D T I E O R T R R D T
D P C I C R U M R O E A O R R
I M A L U O M C T Z C Z N I I
S E A O T O R L O N S I B E C
H O D D N Y U I R O O B A W P
```

ABNORMAL
ATYPICAL
BIZARRE
COMICAL
CURIOUS
DEVIANT
ECCENTRIC
ERRATIC

ODD
OUTLANDISH
PECULIAR
QUEER
RIDICULOUS
UNCOMMON
UNEXPECTED
WEIRD

Irish Names

```
S E I S R E L E I A A I E L S
N F A O R A D E A L O V E R I
N I E I O A N R C I A R A E N
A O I N R V O I E O I H H G R
A A I R N I A M H I E A V R I
A N A A E I A N N S A N N A N
I G E I C D S V I I E R N M A
H E E D A I A S D N O C N O N
A C E N I I A A A N E A V M E
A I I I R A I N O O V I A A E
E E V A O S O C A E I E E E R
L M A L A E C A E E S R R V A
A N S L N I A K E A E S S E I
A N L E N I M N I R A G N E N
C E C V S A O A I E N R R A O
```

AIDEN	DARRAGH
ANNA	KEEVA
AOIFE	MAEVE
AVA	NIALL
CIAN	NIAMH
CIARA	OISIN
CONOR	SAOIRSE
DANIEL	SEAN

Reversible Words

S	A	Y	M	A	I	I	B	U	E	E	P	P	D	E
E	S	M	I	N	E	D	T	S	U	I	Y	T	S	N
S	N	T	I	I	A	D	D	S	T	M	D	P	S	E
O	D	G	P	E	G	E	L	U	I	B	I	O	S	T
E	M	E	R	R	E	O	T	I	B	N	S	D	O	E
S	M	T	B	L	G	D	S	P	A	E	D	S	N	M
D	N	B	I	K	N	S	T	T	D	R	N	M	E	D
B	N	R	N	M	A	E	R	G	M	E	D	O	N	E
S	M	L	K	B	T	G	E	I	A	N	P	O	N	B
T	T	K	U	N	U	N	S	N	I	E	R	T	N	U
I	E	I	E	D	E	K	S	A	S	U	P	I	E	T
P	S	E	E	I	P	G	E	B	E	E	E	M	B	T
B	A	T	I	Y	S	G	D	N	E	E	T	E	P	R
T	S	L	P	G	E	N	P	K	R	B	P	R	S	I
R	P	E	S	S	G	T	K	E	G	N	U	S	E	S

BAN
BIN
BUD
DEBUT
DENIM
DOOM
EYE
GNAT

KEEP
PALS
RAIL
SPIN
STRESSED
SUNG
TAB
TIMER

Mr. Men

```
D W D N Y U P G S M I A F N T
R S T R F N E M T F Y L L E J
N W Z A P L R Y Y Z Z I D D S
G Y O O L E F R R Y Y W E Y E
A S N T E L E S N R L N R Y F
Z E R N Y Z C M W N E R N O C
A S I I I P T O Y N O Y R U N
N N S I P K M S L W Y G L Y F
N O N U T H S E N G E O U H I
R W E Y D U I A Y T Y T R A E
E T W Z F N Y E F J E Z U P I
L S Y L A E S U N F T O S P S
Y M L E R O L H I N I Y T Y R
G W M O N K L Y M U D D L E E
E E Y H W O U N T I C K L E C
```

DIZZY	NOSEY
FORGETFUL	PERFECT
FUNNY	SKINNY
FUSSY	SLOW
HAPPY	SNOW
JELLY	TALL
MEAN	TICKLE
MUDDLE	WORRY

Summer Olympics Cities

```
A E H C I N U M I R A I U R O
I K N I S L E H U O R L G E E
O T L W S S R A E E T S T A R
E E O R E E P L O R O M E T E
I M H B O E L A S N E H T A L
S T O I A L C E R W M C E R U
O I Y N S M O A G I O N A E O
A L T Y T E E B N N S C H T E
T E O E O R M L E T A H S U S
L C S N C C E E B I W S L O S
A S E D K S N A S O J E O S M
N O H Y H M L O L D U I R L M
T C E S O N N M G H S R N P H
A A E J L O R N L C O R N G I
N I N N M H R T O K Y O K E Y
```

ANTWERP
ATHENS
ATLANTA
BEIJING
HELSINKI
LOS ANGELES
MELBOURNE
MONTREAL

MOSCOW
MUNICH
PARIS
ROME
SEOUL
STOCKHOLM
SYDNEY
TOKYO

Modern Artists

```
E U S C R I K S I P S O H L T
S F W L D K L W C K I L A D S
O G N I N O O K E D H W E N N
D N T A H C M E O O I K E O R
U D A R I I R S K T E D S S E
E H A I H D C C I C U E C S L
R W O A R O O H N C I N H A M
F O P C S D N U H N M L E M R
K B O L K C N A B O R O R S C
K A L T N N M O S S A K D F T
O C L H W P E S M L Y N T M E
K O O I N C A Y N S A S I M N
A N C L D C D L D R R L O I S
H R K T I I M A H I K I O M R
H N A P W I E N H I N S H A W
```

BACON	HOCKNEY
DALI	INSHAW
DE KOONING	KLIMT
DUCHAMP	MASSON
ERNST	MONDRIAN
ESCHER	PICASSO
FREUD	POLLOCK
HIRST	WARHOL

On the Farm

```
O  U  A  C  R  S  I  R  K  A  E  R  P  A  W
C  T  W  A  S  P  C  C  G  B  W  O  S  R  O
A  U  K  L  C  K  O  Y  W  I  T  W  I  E  R
R  E  L  N  W  T  S  H  T  A  A  K  C  T  R
C  E  D  T  T  E  I  R  T  H  A  O  K  S  A
C  T  L  A  I  R  M  O  P  E  E  O  L  E  B
O  P  M  I  E  V  P  R  Y  T  R  H  E  V  L
R  O  W  W  A  L  A  E  I  E  L  G  R  R  E
E  I  O  O  A  R  E  T  O  U  L  N  R  A  E
E  M  A  N  H  O  T  V  O  A  I  I  E  H  H
S  A  T  W  R  L  G  T  O  R  R  P  R  H  W
S  E  R  E  R  S  B  I  E  L  D  A  R  M  L
R  E  L  K  N  I  R  P  S  D  L  E  I  F  L
E  T  I  B  A  L  E  R  N  V  K  R  I  C  C
S  L  U  R  R  Y  S  P  R  A  Y  E  R  S  R
```

BALER	RAKE
CULTIVATOR	REAPING HOOK
DRILL	SAW
FIELD SPRINKLER	SCYTHE
HARVESTER	SICKLE
MATTOCK	SLURRY SPRAYER
MOWER	TRAILER
POTATO PLANTER	WHEELBARROW

Australian Rules Football

```
T Q G E L V S R U L V C O A E
G I U E N A F R E E K I C K C
N N R A A D R O P P U N T E S
I T N A R A M K I E B O N M U
C E C D M T F G T R G T P F N
N R H V P A E O T C R R C E F
U C E A L G R R O E D N A K R
O H C N E L U K S T A R O H R
B A K T A F A Q A P P R B E C
C N I A L L U B M D K A N T S
H G N G T A A U D N A N S A P
A E G E R A B A A N U C R S N
L G U E A N L L N R A E A C L
E U C U C B F N G T B H B V R
E C N U O B E R T N E C N O E
```

ADVANTAGE	FLANK
BOUNCING	FOOTPASS
BUMP	FREE KICK
CENTRE BOUNCE	HANDBALL
CENTRE SQUARE	INTERCHANGE
CHARGE	MARK
CHECKING	QUARTER
DROP PUNT	RUNNER

Time to Finish

U	C	F	E	D	I	E	S	C	O	R	E	D	M	U
I	P	A	F	O	E	D	W	O	U	N	D	U	P	N
D	A	E	D	O	G	S	R	P	W	S	D	D	W	C
L	P	E	R	R	D	C	A	T	E	E	D	O	P	L
T	E	D	W	F	E	E	N	E	T	A	D	N	S	I
T	F	E	E	D	E	E	N	E	C	D	E	T	C	N
E	E	T	E	M	D	C	L	I	E	F	O	U	U	C
S	E	E	T	D	P	P	T	S	A	P	T	T	E	H
I	D	L	L	T	E	T	O	E	P	T	T	H	U	E
D	O	P	W	D	T	L	I	E	D	E	R	M	E	D
P	H	M	P	R	C	E	D	E	T	O	E	U	D	E
U	C	O	N	C	L	U	D	E	D	C	E	D	C	N
A	C	C	O	M	P	L	I	S	H	E	D	E	E	D
E	G	A	T	S	T	S	A	L	E	C	U	P	A	E
I	C	A	C	H	I	E	V	E	D	C	S	R	P	D

ACCOMPLISHED
ACHIEVED
CEASED
CLINCHED
CLOSED DOWN
COMPLETED
CONCLUDED
CURTAINED OFF

DEPLETED
EMPTIED
ENDED
LAST STAGE
PERFECTED
SCORED
STOPPED
WOUND UP

Photographic Equipment

```
R  M  D  R  A  C  Y  R  O  M  E  M  F  B  L
A  S  Y  R  L  R  T  H  P  R  O  T  E  A  R
E  S  A  E  L  E  R  R  E  T  T  U  H  S  C
G  R  E  T  E  M  T  H  G  I  L  H  Y  A  S
H  O  O  E  R  O  P  H  G  D  T  R  R  L  O
M  O  S  M  B  T  N  U  O  M  E  D  I  L  S
H  D  T  T  M  E  F  H  C  T  R  E  U  E  S
D  N  D  O  U  C  R  L  T  E  S  O  R  F  L
R  R  T  P  H  O  R  A  A  I  Y  H  M  O  F
M  A  M  S  S  N  B  D  R  S  H  E  O  A  D
R  B  E  H  A  T  E  O  N  O  H  R  H  E  N
R  E  T  R  L  R  O  E  F  T  M  G  R  O  E
O  A  E  E  F  O  L  R  R  M  E  I  U  T  E
S  C  O  F  I  L  T  E  R  C  L  S  E  N  H
M  O  Y  U  G  D  A  G  E  U  S  O  A  G  T
```

BARN DOORS	LENS
BATTERY	LIGHT METER
CARD READER	MEMORY CARD
EYECUP	REMOTE CONTROL
FILTER	SCREEN
FLASH UMBRELLA	SHUTTER RELEASE
FLASHGUN	SLIDE MOUNT
HOT SHOE	SPOT METER

US Monopoly Board

N	M	E	C	E	E	E	W	L	C	V	S	Y	D	R
E	C	H	A	N	C	E	I	N	O	I	N	N	E	E
C	E	S	W	S	E	U	C	L	M	R	E	A	U	N
A	E	R	A	T	U	N	G	C	M	G	D	P	N	I
L	U	O	W	J	N	E	N	U	U	I	R	M	E	L
P	N	K	A	A	E	V	I	A	N	N	A	O	V	T
K	E	L	T	M	V	A	K	G	I	I	G	C	A	R
R	V	A	E	E	A	L	R	I	T	A	N	C	C	O
A	A	W	R	S	C	A	A	E	Y	A	I	I	I	H
P	C	D	W	P	I	T	P	I	C	V	V	R	T	S
R	I	R	O	L	F	N	E	V	H	E	R	T	N	G
T	T	A	R	A	I	E	E	H	E	N	A	C	A	R
N	L	O	K	C	C	I	R	D	S	U	M	E	L	U
F	A	B	S	E	A	R	F	A	T	E	I	L	T	I
D	B	V	A	E	P	O	N	A	N	I	Y	E	A	C

ATLANTIC AVENUE   ORIENTAL AVENUE
BALTIC AVENUE   PACIFIC AVENUE
BOARDWALK   PARK PLACE
CHANCE   READING RAILROAD
COMMUNITY CHEST   SHORT LINE
ELECTRIC COMPANY   ST. JAMES PLACE
FREE PARKING   VIRGINIA AVENUE
MARVIN GARDENS   WATER WORKS

Wedding Anniversaries

```
N  N  R  O  R  I  R  U  C  C  P  S  O  N  R
Y  E  P  L  O  E  G  Y  N  A  R  D  T  O  M
L  B  A  E  P  C  T  Y  T  E  O  I  A  R  T
N  O  U  P  A  R  P  S  A  L  T  A  L  I  T
O  A  O  R  D  Y  C  C  R  G  R  M  R  R  T
T  C  Y  W  C  S  N  U  O  O  E  O  E  U  T
T  F  L  U  R  T  N  L  T  U  I  N  N  T  D
O  E  R  S  O  A  D  G  P  O  W  D  A  O  S
C  T  G  U  T  L  D  T  R  A  P  O  A  U  O
N  L  V  Y  I  E  T  L  A  E  I  V  G  R  T
I  D  F  R  L  T  E  U  R  P  V  A  T  R  P
T  U  R  E  P  A  P  L  A  A  R  L  N  T  R
I  C  A  T  A  C  U  D  U  P  E  N  I  L  S
S  C  I  L  C  A  F  A  S  R  R  P  O  S  R
S  T  N  I  C  O  U  A  O  I  P  U  C  M  T
```

COPPER	PEARL
COTTON	RUBY
CRYSTAL	SALT
DIAMOND	SILVER
FRUIT	STEEL
GOLD	SUGAR
IRON	TIN
PAPER	WOOL

Speaking without Words

```
M  F  L  U  T  T  E  R  E  Y  E  L  I  D  S
I  A  R  N  S  N  S  B  L  I  N  K  L  G  K
F  B  K  I  L  U  O  S  K  N  I  W  R  N  I
A  I  T  E  R  U  W  E  I  A  E  I  F  F  E
I  W  N  O  V  U  E  Y  T  K  D  S  W  O  B
T  W  H  G  P  I  B  T  R  L  P  E  K  S  E
G  R  G  E  E  T  C  N  U  R  S  M  I  L  E
T  R  F  T  E  R  G  T  O  L  V  L  M  I  B
S  U  I  E  G  L  O  R  O  S  A  I  S  L  W
E  E  G  M  I  K  N  N  H  R  E  S  I  E  G
N  V  B  E  A  K  E  W  L  U  Y  S  I  E  G
I  A  R  S  A  C  R  K  O  I  N  S  B  N  M
B  W  C  E  V  R  E  L  E  R  P  N  I  K  N
M  R  A  H  C  U  O  T  H  A  F  S  L  G  I
L  O  M  R  N  I  K  M  N  R  K  N  S  H  N
```

BLINK	MAKE VICTORY SIGN
BOW	RUB NOSES
FINGER ON LIPS	SALUTE
FLUTTER EYELIDS	SMILE
FROWN	TOUCH ARM
GRIMACE	TUG EAR
KISS	WAVE
KNEEL	WINK

Visit to London

```
K O A Y A O O Z N O D N O L T
Y N N E D R A G T N E V O C Y
T M A R S I K E L B U N L R T
M A R B L E A R C H D E A S S
L E T E H R M O A O R R V E E
N S T E H T A A N P B A G R G
T L A P B O U A H I E D R T D
G E A I L R Q O L T I D F A I
E H R R B U I H S R E D Y E R
S C A N A I S T F S B H L H B
R R E R R I F L A C I W T T R
L L I H T N E M A I L R A P E
M U E I O S T R G S N X B S W
M O R T E E R T S D R O F X O
X B Y I L O N D O N E Y E T T
```

BRITISH LIBRARY	OXFORD STREET
CHELSEA	PARLIAMENT HILL
COVENT GARDEN	SELFRIDGES
HYDE PARK	SOUTH BANK
LONDON AQUARIUM	TATE BRITAIN
LONDON EYE	THE THAMES
LONDON ZOO	THEATRES
MARBLE ARCH	TOWER BRIDGE

19th Century Chancellors of the Exchequer

R	E	N	L	C	R	L	E	A	S	I	O	G	L	R
D	T	E	E	T	A	G	L	O	E	C	L	O	I	E
S	Y	H	G	D	G	R	T	H	O	A	H	O	A	D
R	D	C	S	O	R	A	I	R	D	C	E	R	W	S
I	E	S	F	L	L	E	S	S	U	R	L	R	A	E
P	R	O	H	T	L	A	T	N	U	O	C	S	I	V
I	R	G	L	L	U	O	P	N	F	I	C	S	I	T
G	L	H	E	R	N	G	C	R	E	Y	O	R	E	T
R	O	E	A	E	E	W	O	O	D	T	K	H	A	H
H	O	U	A	R	R	S	S	O	R	H	D	E	E	H
L	C	R	L	R	E	C	I	R	G	N	I	R	P	S
H	C	A	E	B	S	K	C	I	H	R	O	R	O	H
L	I	N	E	S	U	I	V	P	O	E	I	I	R	L
R	G	R	P	A	R	R	D	S	R	R	S	E	S	L
B	Y	H	C	N	O	S	N	I	B	O	R	S	I	O

DISRAELI
EARL OF ROSEBERY
EARL RUSSELL
GLADSTONE
GOSCHEN
GOULBURN
HARCOURT
HERRIES

HICKS BEACH
LORD TENTERDEN
LOWE
PEEL
ROBINSON
SPRING-RICE
VISCOUNT ALTHORP
WOOD

Historical Queens

```
R E C I H T E B A Z I L E O O
T T E I R N R P E N E L O P E
M T R O N A E L E A E L N I E
I E A S P A I B O N E Z B B P
L N I R H V E R I N T L B P I
I I T A T E I E Z I C G H E O
S O I I E A B C T E U E N R N
A T T E A L P A T I O I O S Y
B N R P H E N O N O L N A E T
E A E R M I A E E O R N R P B
L E F E A A V E R L E I I H T
P I E F R E R A L E C E A O S
I R N N R E C Y M O L E R N S
N A E E A V I I T R N E I E E
N M E P R R O A R A N N E S A
```

ANNE	MARY
CAROLINE	NEFERTITI
CLEOPATRA	PENELOPE
ELEANOR	PERSEPHONE
ELIZABETH	SHEBA
GUINEVERE	TITANIA
ISABEL	VICTORIA
MARIE ANTOINETTE	ZENOBIA

Popular Pop

```
I  N  L  J  L  T  O  R  E  S  C  S  S  O  E
D  K  A  R  M  A  C  H  A  M  E  L  E  O  N
B  O  N  E  U  O  Y  E  S  I  A  R  P  L  A
E  L  C  T  J  M  A  I  B  S  O  I  O  R  L
W  J  L  R  C  E  K  O  A  A  H  G  O  E  Y
I  H  O  A  L  F  I  H  D  O  N  D  G  T  N
L  F  S  T  W  G  O  L  U  M  V  N  O  A  N
C  A  E  S  H  R  W  S  L  M  W  E  A  W  E
Y  L  T  E  R  R  E  O  A  I  R  T  V  W  P
A  N  O  R  L  O  I  D  W  A  B  S  M  E  L
E  N  Y  I  F  L  C  L  N  E  S  E  T  C  O
F  L  O  F  Y  L  O  K  L  O  J  W  O  S  A
S  W  U  E  L  B  P  V  D  E  W  O  M  P  P
L  N  R  U  N  S  S  I  E  J  R  G  A  I  Y
N  W  O  R  E  I  E  A  E  P  C  O  H  D  N
```

BILLIE JEAN	PRAISE YOU
CLOSE TO YOU	ROCK DJ
FIRESTARTER	THRILLER
GO WEST	WANNABE
HOUSE OF FUN	WATERLOO
I FEEL LOVE	WEST END GIRLS
KARMA CHAMELEON	WONDERWALL
PENNY LANE	YMCA

Going for a Bicycle Ride

L	B	P	U	H	D	P	R	U	E	G	K	E	P	C
G	A	A	N	A	P	N	B	K	R	O	F	S	H	R
E	M	U	G	I	E	P	E	E	M	T	P	K	N	A
K	B	A	T	G	A	E	I	G	E	O	T	K	P	E
I	U	S	H	P	A	H	R	R	K	E	C	L	V	A
C	E	A	G	S	M	G	C	E	G	P	E	L	V	A
K	O	R	I	T	F	U	E	A	O	G	A	L	O	V
S	F	B	L	G	E	O	P	C	E	V	S	V	H	P
T	K	R	D	R	K	L	N	A	A	A	L	E	G	B
A	A	H	A	I	E	I	R	B	D	R	D	U	I	U
N	L	F	E	E	E	L	A	D	I	I	R	A	I	H
D	A	E	H	G	E	I	L	E	K	E	R	I	A	E
K	D	E	A	V	E	E	A	R	H	T	I	S	E	A
A	E	P	E	E	B	E	K	A	R	B	M	R	O	R
E	P	R	A	R	D	R	A	B	E	L	D	N	A	H

BAGGAGE CARRIER	HUB
BRAKE	KICKSTAND
CHAIN	PEDAL
FORK	PUMP
GEAR LEVER	RIM
GRIP	SADDLE
HANDLEBAR	SPOKE
HEADLIGHT	VALVE

Electrical Engineering

P	N	B	C	E	L	S	F	R	S	O	H	D	T	A
U	A	E	A	E	B	A	S	G	B	O	U	A	N	C
S	I	G	D	N	R	L	F	W	N	T	S	O	E	B
R	R	O	R	O	D	A	U	O	I	I	E	T	A	L
T	O	D	C	I	M	W	C	E	E	F	M	L	I	E
N	T	S	B	M	A	T	I	H	T	T	I	I	M	N
U	A	M	N	P	N	R	S	D	A	O	C	E	T	N
G	N	L	R	E	L	L	O	R	T	N	O	C	W	G
D	R	O	C	D	S	C	W	G	U	H	N	T	T	A
F	E	D	N	A	B	E	S	A	B	B	D	E	H	M
M	T	P	S	N	B	B	T	O	O	E	U	L	L	T
E	L	F	E	C	S	L	C	O	M	P	C	N	T	C
D	A	C	C	E	L	E	R	O	M	E	T	E	R	R
B	N	A	A	N	A	L	O	G	U	E	O	T	R	F
S	T	R	A	M	P	L	I	F	I	E	R	B	O	U

ACCELEROMETER
AIR GAP
ALTERNATOR
AMPLIFIER
ANALOGUE
BANDWIDTH
BASEBAND
BLUETOOTH

BURST MODE
CHANNEL
CONTROLLER
IMPEDANCE
REMOTE SENSOR
SEMICONDUCTOR
TIMING
WIFI

Cheeses

```
E  C  H  U  R  N  T  O  N  L  N  Y  U  N  R
M  C  H  P  E  T  S  R  E  A  L  A  S  G  R
T  P  T  E  E  O  C  W  I  L  Y  Z  L  E  E
P  A  E  D  E  T  E  A  I  C  E  A  N  L  B
E  N  B  E  L  C  I  H  M  I  O  O  I  H  L
T  R  V  A  H  O  P  T  M  E  L  T  E  C  O
T  E  W  E  L  R  W  A  S  O  M  M  T  G  C
N  U  E  L  E  L  D  S  V  U  M  B  R  A  H
A  S  L  A  B  R  E  O  E  E  I  U  E  H  O
E  R  C  A  E  L  R  R  N  M  Y  S  E  R  N
O  R  D  T  S  P  A  T  A  E  Y  C  S  P  T
L  C  S  E  C  T  A  T  R  Z  A  L  M  E  A
O  M  N  N  R  L  R  E  N  B  Z  O  T  O  A
A  I  E  T  T  B  H  O  O  L  L  O  A  U  E
S  S  E  M  A  C  Y  C  P  B  S  E  M  B  C
```

AMSTERDAM	GRUYERE
CABOC	LYMESWOLD
CAERPHILLY	MOZZARELLA
CAMEMBERT	PETIT SUISSE
CHURNTON	PORT SALUT
DERBY	PROVOLONE
EMMENTAL	REBLOCHON
EWE CHEESE	RICOTTA

At the Optician's

P	M	T	N	E	M	T	N	I	O	P	P	A	A	R
N	O	S	E	L	C	A	T	C	E	P	S	A	S	A
S	N	E	C	N	A	T	S	I	D	L	A	C	O	F
I	T	G	Y	E	E	I	Y	R	R	U	L	B	S	C
C	S	N	O	T	N	T	Y	A	A	I	A	Y	E	P
S	C	I	A	Y	N	R	F	S	W	V	I	E	P	T
O	S	T	M	F	S	E	H	O	I	F	P	E	A	E
W	I	A	P	T	R	A	W	S	G	N	Y	N	H	A
E	O	O	U	K	R	I	I	T	U	G	O	I	S	T
D	D	C	P	P	I	B	G	M	Y	I	Y	N	C	N
H	A	S	I	O	L	W	B	C	T	T	I	A	I	F
U	R	N	L	E	P	E	G	A	L	R	N	T	R	S
E	K	E	G	Y	R	K	T	D	I	O	G	E	G	I
E	L	L	B	S	Y	O	S	S	H	R	S	C	W	S
D	S	I	L	C	R	H	B	C	S	I	N	E	O	T

APPOINTMENT
BLURRY
CLOSE
DARK
FOCAL DISTANCE
FOGGY
IRIS
LENS COATING

NUMBERS
PUPIL
ROTATION
SHAPES
SHARP
SPECTACLES
TWENTY-TWENTY
VISIBLE

Shades of Yellow

L	W	S	T	R	B	A	M	D	N	O	M	L	A	N
L	L	T	L	U	E	H	P	E	B	L	I	H	U	A
E	A	E	Q	F	N	B	L	I	D	O	F	F	A	D
N	M	A	H	O	F	R	M	R	D	L	E	M	C	A
S	N	L	R	S	L	U	E	A	A	D	U	A	B	E
A	G	I	B	N	G	T	B	T	A	S	N	U	M	W
C	I	T	R	O	N	G	E	L	T	A	A	D	T	E
A	E	M	C	U	S	F	E	A	R	U	U	F	N	D
B	I	O	B	T	I	Y	R	Y	A	O	B	G	L	M
P	E	L	U	R	L	D	Y	C	M	N	A	S	U	O
L	U	M	O	L	W	E	G	F	O	P	T	M	A	T
E	Q	N	A	N	L	A	O	O	M	C	A	O	A	T
M	S	H	L	L	G	T	R	A	A	I	H	I	H	B
O	I	D	O	M	W	A	H	T	Z	R	G	R	C	A
N	B	W	I	I	F	C	M	E	S	S	C	M	E	P

ALMOND   DAFFODIL
AMBER   EGGSHELL
BISQUE   LEMON
BUFF   MAGNOLIA
BUTTERNUT   MAIZE
CANARY YELLOW   MUSTARD
CHAMPAGNE   OCHRE
CITRON   STRAW

Hindu Deities

```
N N H A M K S G M T N H V V N
S A M A T A N G I L A S R A I
H A G I U G R G G M I M N N A
A K I M H M M M V M A R I V K
K A I A R I U A H N U Y V R T
T U N N U I T S R P A R A P G
I A N A A I K A A P G I A U A
H N K S V A N N V U A N K S N
G A G U L A N R U S H S Y U E
U S N A N A R K A S A A A I S
A H H S R H S A I M M R U U H
G U N D A H S R K U A S A I N
R I V M I G K I A S H K D S V
U K K V I I T A V R A P N A I
D A A R T S R S I M A A M S A
```

AGNI
ANNAPURNA
DURGA
GANESH
KRISHNA
LAKSHMI
MATANGI
MAYA

PARVATI
RAMA
RAVANA
SARASVATI
SHAKTI
SHIVA
UMA
VISHNU

Roman Emperors

```
C S U N A I L U J S U I D I D
O N C A C S A O V A T I T U S
M G I J U N H E C A B U A U A
M S I A L T S L G A L B A N A
O U S R O P A H N S C T T C M
D A I T A U U A U A O O U T I
U A E S D M I T L V N D N I D
S A I I I T S I N I N U S B H
O A U U I U G H N T M L E E N
N S L M G U I U U E U N R R A
A T O U L L S U V L T A L I I
A D A A L P O A U L S V I U R
U U I N I P R P A I S H S S D
I O H U A H E U A U U V I T A
U J S U I T N C C S N O R C H
```

ANTONINUS PIUS   HADRIAN
AUGUSTUS   NERO
CALIGULA   OTHO
CLAUDIUS   TIBERIUS
COMMODUS   TITUS
DIDIUS JULIANUS   TRAJAN
DOMITIAN   VESPASIAN
GALBA   VITELLIUS

Associated with Ireland

```
R  F  O  L  K  M  U  S  I  C  C  N  H  R  S
S  O  P  F  L  N  G  P  P  O  A  B  R  S  K
E  S  S  S  S  E  U  B  U  K  L  O  A  N  C
K  S  B  O  W  B  P  N  Y  A  T  I  C  L  O
A  I  B  A  S  O  T  R  R  U  N  E  I  G  R
N  N  C  P  G  R  B  N  E  T  Y  A  L  O  M
S  S  F  L  Y  E  E  N  P  C  N  L  E  G  A
O  U  E  S  O  Y  H  A  I  Y  H  O  A  R  H
N  T  I  R  S  V  T  T  A  A  R  A  G  E  S
N  D  R  T  A  R  E  S  F  U  R  R  U  E  W
E  R  O  N  I  T  C  R  E  O  G  M  B  N  A
M  N  G  C  A  U  K  O  B  S  T  S  O  K  S
E  I  K  G  U  I  N  N  E  S  S  F  E  B  R
O  N  A  R  C  E  K  R  I  F  A  C  I  F  R
E  V  U  E  A  N  P  R  I  E  S  T  S  G  S
```

BLARNEY STONE	GUINNESS
CLOVER	LEPRECHAUNS
COUNTRYSIDE	NO SNAKES
EURO	PRIESTS
FOLK MUSIC	PUBS
GAELIC	RAINBOWS
GIFT OF THE GAB	SAINT PATRICK
GREEN	SHAMROCKS

Computing Terms

```
C R E W R I T A B L E E N X P
R R S R S P H U S B E O I L D
C E C K U P O C O U I N U F F
L T I S I E E S D S U D S L H
S C H A S A L L S D O C L T E
P A P D C H A E L L E A S C S
P R A O S S R K R C W U C R E
O A R A S P H L E E H H R A U
I H G E M U E R R I C E C L A
E C C O I S I I C B L C C O R
D C C E M L F C S L S S O K E
A U S P R E A D S H E E T E P
B S S P U K C A B D T R A O P
S R A A S C I I A C G S R U O
M C H W L S F E S P C T O U X
```

ACCESS	GRAPHICS
ASCII	PDF
BACKUP	PORT
BUS	REWRITABLE
CHARACTER	SPELLCHECK
COMPRESSION	SPREADSHEET
DOS	UNIX
FIREWALL	URL

Greetings Cards

```
P N E S U A C E B T S U J S R B N
S H N N O O S L L E W T E G E E W
W A R O H Y H T A P M Y S H T I W
A P M I E V O L H T I W S H S Y R
L P I T V B A U R E E N I D A A C
A Y I A S A N N R D E N A D E D E
F B S L N I L T N E K I L Y Y S W
U I T U A C R E N I L L W P P T S
S R Y T Y W S H N H V E A W P N A
Y T W A S U I G C T N E A S A I D
H H W R A S O D R Y I A R V H A I
L D O G Y F A A P S R N O S I S O
G A A N Y M H P O Y N R E R A N T
R Y W O Y B A B W E N Y E S A R G
E E U C P H L H R N L A Y M D S Y
R E W E H L A Y A D S R E H T A F
I V P Y A R M M O T H E R S D A Y
```

ANNIVERSARY
CONGRATULATIONS
DIWALI
FATHER'S DAY
GET WELL SOON
HAPPY BIRTHDAY
HAPPY EASTER
HAPPY NEW YEAR
JUST BECAUSE

MERRY CHRISTMAS
MOTHER'S DAY
NEW BABY
SAINT'S DAY
THINKING OF YOU
VALENTINE'S DAY
WITH LOVE
WITH SYMPATHY
YOU'RE LEAVING

Travelling Terms

```
G  A  R  T  I  F  G  N  I  V  I  R  D  I  I  P  N
R  N  I  K  M  T  C  E  P  A  C  K  I  N  G  Y  N
M  N  I  G  A  I  N  N  X  S  C  P  S  O  N  I  I
R  S  R  N  O  H  S  K  E  C  H  I  N  G  N  O  K
N  I  I  U  N  I  K  R  E  I  U  I  O  R  T  K  C
R  K  C  R  T  A  L  S  N  A  A  R  N  E  M  S  E
F  G  A  S  U  E  L  A  R  T  A  S  S  P  A  E  H
M  E  N  F  S  O  R  P  V  E  R  I  T  I  P  R  C
P  T  N  I  O  I  T  L  T  I  G  N  R  I  O  E  P
F  E  A  F  I  F  C  I  U  M  R  N  R  P  G  N  K
G  R  T  K  F  E  C  O  I  G  T  R  E  R  O  I  S
G  N  O  U  E  O  I  G  A  T  G  A  A  S  E  R  L
Y  T  E  A  O  O  T  O  P  R  N  A  U  A  S  R  T
F  K  U  P  K  R  F  E  L  L  N  F  G  E  O  A  A
T  T  D  P  A  E  R  F  S  A  A  K  S  E  R  R  P
N  O  R  N  O  I  T  A  N  I  T  S  E  D  I  E  O
I  S  T  R  I  P  F  E  R  R  Y  S  O  T  E  R  U
```

AIRPORT	PACKING
ARRIVAL	PASSENGER
CHECK-IN	PLANNING
DESTINATION	RETURN
DRIVING	ROUTE
EXCURSION	SET OFF
FERRY	TAKE OFF
LUGGAGE	TOURISM
MAP	TRIP

Sorry I Didn't Do My Homework

```
T I T E A T T P I L L I C R C N E
Y M S O L E F T I T A T H O M E N
K O O B Y M T S O L N L M U Y V T
N I A R T N O T F E L P S W P A R
I S F W T C A L O O U B O E O S C
S D I A I N E L O T S D M F I O S
N D E M M A J R E T N I R P U T P
I C T S T O H R I I T I W L O T D
D F T O A U C C W F E E D B U O P
E E E O O R K T O N T N Y T T G E
P L D D A B U T D P T H D T O R F
P T H S R O U T T D W R G I F O E
O O H O W O O S O E E T E U P F K
R E K E N O C I Y C T O F T A T G
D E L A K T T I E T A G O D P C O
I B R I C O T I A Y A W A W E L B
O A T U C L U A M U I E A O R T V
```

BLEW AWAY
BLEW OUT WINDOW
CAUGHT FIRE
COMPUTER CRASHED
COULDN'T DO IT
DOG ATE IT
DROPPED IN SINK
FORGOT TO SAVE
FRIEND TOOK IT

LEFT IT AT HOME
LEFT ON TRAIN
LOST MY BOOK
OUT OF PAPER
PRINTER JAMMED
RAN OUT OF TIME
STOLEN
TOO BUSY
USB STICK BROKE

Fractions

```
H  H  U  N  D  R  E  D  T  H  H  E  R  H  H  H  T
M  T  T  T  H  H  T  F  I  F  H  E  V  R  H  V  H
A  H  U  H  H  T  O  Q  U  A  R  T  E  R  T  E  H
T  A  G  T  E  H  N  O  N  I  I  A  T  M  F  I  T
N  H  A  H  Q  N  T  E  T  S  S  R  I  N  L  T  T
E  T  T  T  T  H  T  N  E  V  E  L  E  S  E  H  I
H  I  N  D  U  E  H  T  H  T  L  V  A  T  W  S  V
T  N  M  N  N  T  I  H  F  I  R  U  E  T  T  E  H
V  H  H  S  T  A  T  T  O  I  E  U  H  N  I  V  H
T  N  T  T  I  N  S  N  R  I  F  S  O  T  T  D  N
N  H  F  H  H  X  T  U  N  I  T  T  N  F  S  H  N
T  E  T  R  G  H  T  A  O  T  H  T  E  I  T  I  W
T  H  I  R  D  I  A  E  S  H  S  T  X  E  N  H  N
H  I  E  H  F  T  E  H  E  I  T  T  N  T  N  N  F
T  T  H  A  H  L  U  H  N  N  H  A  H  H  T  T  T
H  T  H  L  H  H  T  N  E  T  T  E  E  N  N  D  H
R  E  I  F  S  E  N  F  D  H  T  H  I  R  T  T  H
```

EIGHTH	QUARTER
ELEVENTH	SEVENTH
FIFTEENTH	SIXTEENTH
FIFTH	SIXTH
FOURTEENTH	TENTH
HALF	THIRD
HUNDREDTH	THIRTIETH
MILLIONTH	THOUSANDTH
NINTH	TWELFTH

Big-screen Heist

```
I  O  I  A  T  I  M  E  R  D  E  L  A  Y  C  E  I
U  A  O  L  T  E  W  N  H  S  O  E  S  O  R  A  I
W  O  R  E  O  O  S  E  T  E  R  N  E  N  I  E  E
O  P  H  B  A  O  R  I  S  Y  V  O  C  N  M  H  I
D  G  A  O  A  O  K  T  R  I  I  I  U  S  I  C  B
N  R  N  N  L  S  I  O  A  N  L  S  R  D  N  R  A
I  A  S  I  I  D  S  Y  U  I  L  O  I  N  A  E  P
W  K  R  S  K  C  U  E  T  T  A  L  T  O  L  G  O
D  T  W  A  G  C  B  P  U  E  I  P  Y  M  G  O  L
E  V  N  T  C  O  A  U  K  R  N  X  C  A  A  N  I
H  H  I  G  L  Y  L  R  T  A  E  E  A  I  N  I  C
S  O  T  C  L  M  A  D  C  T  S  L  M  D  G  W  E
A  S  O  O  T  O  W  W  B  E  O  U  E  A  R  I  I
M  T  M  A  C  I  Y  R  A  A  F  N  R  C  W  I  M
S  A  G  D  S  N  M  L  L  T  R  A  A  I  G  C  L
O  G  N  U  W  I  L  R  R  L  E  S  S  E  E  E  L
E  E  N  I  K  A  E  R  B  T  N  G  M  D  A  L  K
```

BREAK-IN	LOOKOUT
CRIMINAL GANG	PANIC BUTTON
DIAMONDS	POLICE
EXPLOSION	SAFE-CRACKING
GETAWAY CAR	SECURITY CAMERA
GOLD BARS	SMASHED WINDOW
HERO	TIMER DELAY
HOLD-UP	VICTIM
HOSTAGE	VILLAIN

Famous Footballers

```
M E O N E S N A H N A L A S I B S
E A R D S R L T I G A R S R M S S
G N Y O T S I T S M O C M A T N R
G W A D O I E C G E K L H E G P B
B G N G B M L V C T B K V H Y M R
G S G R O C Y L A A C E H I U A S
L G I G B P A B U E N B G B Y K L
E M G O B E H D B G R T S R A G A
N S G C Y N G D E O D G O N O R R
N V S P C U I R I S B U Y N S E S
H A S I H V R A O A C I U M A B G
O B K L A A E G D E G A G R M S M
D O S D R O B E R T O B A G G I O
D V O D L A N O R G T H E H N N J
L K L N T H G I R W N A I O T N E
E N G I O C S A G L U A P E L E O
R A G H N A G E E K N I V E K D N
```

ALAN HANSEN
BOBBY CHARLTON
BOBBY MOORE
DAVID BECKHAM
DENNIS BERGKAMP
ERIC CANTONA
GEORGE BEST
GLENN HODDLE
IAN WRIGHT

JIMMY GREAVES
KEVIN KEEGAN
PAUL GASCOIGNE
PELE
ROBERTO BAGGIO
RONALDO
RUUD GULLIT
RYAN GIGGS
STEVEN GERRARD

Fridge Parts

```
R  S  A  L  H  I  E  C  O  M  P  R  E  S  S  O  R
R  T  H  H  S  E  O  R  E  T  S  O  R  F  E  D  A
I  E  V  A  P  O  R  A  T  O  R  C  O  I  L  R  R
H  M  Z  Y  A  R  T  E  B  U  C  E  C  I  N  E  Z
C  P  R  E  P  E  E  K  T  A  E  M  O  T  D  R  E
T  E  R  R  E  N  M  H  U  N  N  C  O  L  E  T  R
I  R  G  O  N  R  A  E  A  N  R  G  O  R  W  O  C
W  A  A  O  O  N  F  P  O  E  R  H  L  A  D  E  D
S  T  S  T  D  D  N  N  S  I  E  E  R  A  G  O  T
N  U  K  L  T  I  R  N  I  L  H  H  N  G  S  R  A
I  R  E  B  A  E  E  E  B  T  L  E  T  R  O  S  E
G  E  T  R  B  D  N  A  Z  E  L  R  E  F  E  O  R
R  D  D  O  N  D  T  A  T  E  A  I  L  C  R  T  R
T  I  A  O  T  E  T  I  F  Y  E  S  U  U  L  T  P
H  A  C  P  G  L  N  L  N  E  U  R  C  B  K  H  N
L  L  D  E  S  A  Y  O  F  O  F  A  F  G  A  E  C
R  E  V  T  H  E  R  M  O  S  T  A  T  K  A  E  D
```

BUILT-IN FREEZER
COMPRESSOR
CONDENSER COIL
DEFROSTER
DRAIN PAN
EGG TRAY
EVAPORATOR COIL
FAN
FREEZER DOOR

GASKET
GLASS
HANDLE
ICE-CUBE TRAY
MEAT KEEPER
SWITCH
TEMPERATURE DIAL
THERMOSTAT
VEGETABLE HOLDER

Just Sing

```
T H I I E E T I C E R E W C A C T
E C R I O H C Y R N C H C C C T C
E O I U S A R W D H I R I O A I E
A T O O I U N H A S I T N U I C T
R U H R Y D A N T C C S C W E T I
I I A R E R T L N O C O A C E C I
L N C C W L E I V R E V N C C C E
T C T E R A O O O R C O T A D A C
Y I I O E S R E C R E Y I U H E C
R P E P N O C B A N I V E H C A E
E R R V T E V C L M C T P E A H T
O E R L O V A L I E U I I D L R R
D R C E I P E H Z C P H R T L C P
N S O N V D R A E E R H N I H R U
E U W N O A N C H I R P I A L W A
C L E Y C S U R O H C U N O N I O
P E P I U L I Q C R C R O O N V N
```

ARIA
CHANT
CHIRP
CHOIR
CHORUS
CROON
CRY
DUET
HUM

INCANT
INTONE
PIPE
QUAVER
RECITE
VOCALIZE
WARBLE
WHISTLE
YODEL

Heroes of Legend

```
U I C H L E N E U S A E D R C E A
I D I A L H L S U E T L A O G D N
U S D I I C U E A E S S R B L L N
B M L I I E S O L A A T A I M U I
R A N D S R A E T D A F A N D T A
A E R S E D M N A E L H A H B M L
N N Y P L A A H R U M S E O E C U
G D U T C L A G W U E R E O U E H
O P A H A L E O C D R N U D E S C
U U U T A H E C E I R O C E E A U
I S A G T B A M C C L A L M C L C
M N G U H M O R A E L I A A B C T
U D Y D N I C D M A T G A O N M O
A C A N D A M L S E L A T O N D S
L B O L N U G D O I T O Y A B T D
L I O Y S U E A G B R U N H I L D
F A Y T O L E C N A L H I A A A A
```

ATALANTA
BEOWULF
BRAN
BRUNHILD
CADMUS
CU CHULAINN
DIOMEDES
EL CID
FIONN MACCUMHAIL

GALAHAD
GILGAMESH
LANCELOT
ODYSSEUS
PERSEUS
ROBIN HOOD
ROLAND
TELEMACHUS
YU THE GREAT

It Goes Kaboom

```
M N A P A L M B O M B B O N E B B
B T O B B S R B H I K M O G Y B I
M U B B R U N B B M B M W I M E A
G N T M I T N B M C A R B O M B Y
O N N B O N C K R O E O B R M O B
T R O A M B A E E B B C L O R M D
S A E I U O Y R M R I E B O P B E
O B N O T B B R Y R B E M S B L P
B M H K Y I E T A W P U K I B E T
B O I B B M N B R I E I S M T T H
M M B N O O O U P A D A O T O G C
O U O C E M M B M O M N P R E M H
B B E C R M B B H B E S E O B R A
M O S E M B C G E T U B O C N B R
O E H A R M B T B R P S R N N B G
T T M P C L U S T E R B O M B I E
A M E E R N P S B M O B E D I L G
```

ATOM BOMB	INCENDIARY BOMB
BINARY WEAPON	MINE
BOMBLET	NAPALM BOMB
BUNKER BUSTER	PIPE BOMB
CAR BOMB	SMART BOMB
CLUSTER BOMB	SUBMUNITION
DEPTH CHARGE	TANK BOMB
GLIDE BOMB	THERMOBARIC BOMB
H-BOMB	TIME BOMB

Buildings

T	R	U	C	H	A	L	E	T	L	E	I	T	C	O	S	I
S	B	L	A	Y	D	L	C	S	V	R	B	C	O	R	O	K
S	S	E	O	L	B	R	B	L	R	B	O	K	T	Y	P	K
E	E	T	I	P	O	E	O	I	L	C	L	B	T	R	R	K
E	L	M	U	R	E	O	A	B	E	E	I	R	A	A	A	Y
Y	A	L	L	D	E	R	M	C	A	I	S	E	G	R	G	S
K	R	L	N	O	I	P	O	I	H	R	E	N	E	B	L	V
A	L	L	I	V	O	O	A	E	L	H	R	A	I	I	S	I
A	S	A	S	G	T	H	A	R	D	L	U	A	U	L	N	R
C	A	H	I	C	U	I	C	A	C	M	T	T	C	O	T	G
L	T	T	E	M	P	L	E	S	I	S	I	R	I	K	L	H
O	F	F	I	C	E	B	L	O	C	K	Y	L	Y	E	S	G
E	B	A	E	I	R	C	T	E	L	A	I	K	T	A	B	A
U	T	D	Y	R	R	A	H	A	E	V	L	H	S	C	H	R
N	N	I	T	E	E	R	R	L	A	U	U	C	E	E	U	A
S	E	I	S	I	O	O	A	P	E	L	B	A	T	S	L	G
S	L	E	T	P	F	I	A	H	Y	E	B	B	A	P	I	E

ABBEY
BARRACKS
BEACH HUT
CHALET
COTTAGE
GARAGE
LIBRARY
MILL
OFFICE BLOCK

PAVILION
PIER
SCHOOL
SILO
SKYSCRAPER
STABLE
STUDIO
TEMPLE
VILLA

Types of Hat

```
W C O U K P O A A P L E W E T T U
A E A A A R O T A I V A I T C R L
R L R T S O R R U R B R W Y I I B
I C R O W N B Q C C T B E Y E L R
R P I R A T E E R R A A R U R B B
O S B E E R B S P C P S H U Q Y R
O A O E R E E R W T E M Y P L U T
I R E K L A T S R E E D O A O T T
O L H S E B O K F M B O B R T T K
O B R P A C R A N E E K W E A Y L
I D E A W P E O K L Z I O Y T B L
R S L R E I R O T L Z H C Y L W A
T R E A E U B Y A A U O B U L Z B
L U U A B T M O R W U M L T C I E
Y V Q O L O O D U O O I R E L L S
A O O O W S S I K Y U A Q A F E A
S S T R B O P R B O W L E R Y Y B
```

AVIATOR	PIRATE
BASEBALL	SOMBRERO
BERET	TOP HAT
BOWLER	TOQUE
CAP	TOY
COWBOY	TRILBY
CROWN	TUQUE
DEERSTALKER	WIZARD'S
FEZ	YARMULKA

Poetry Forms

```
L N A K N A T S R T T K R R N M N
Y L I T C M E H S O N N E T K A A
V D T A L D R N O S H A I K U S I
N N I M O R A T N E M B M A J N E
A C M A Y N O H P O C A C E E L P
S K C I R E M I L N G E E E R D A
C O U P L E T R E A A P P O L T L
B A L L A D E D A C I O M L O I S
A N H E G A O M T T V A P S V M E
M O A P A G I R H Y N R A L E A I
H M N R G Y N A K T B M S P R R E
E E E E R I L I I C N R T A S G L
T C R R D A H C M E E A O I E I Y
L E L Y M R T M L Y O A R M M P T
L O L I O V N I T O H I A R A E N
T L U M S A U R V A D R L H T T T
D M M K D P A R Y E E D C E I M A
```

BALLADE
CACOPHONY
COUPLET
DOGGEREL
ENJAMBMENT
EPIGRAM
EPITHALAMIUM
HAIKU
IDYLL

LIMERICKS
NARRATIVE
ODES
PASTORAL
RHYMING
ROMANTIC
SONNET
TANKA
VERSE

Cooking Terms

```
F F H S A U E E I U A W E I O I M
D E F E A A R L P R E S E R V E A
A R P U R S U D H E V I S T C O S
R B I R T O C D O R A M W B C A R
S S E Z F S U O Z M W I D H R S I
M T E T Z C S C B E O E A E I Z S
T C S K U L W E R H R E B N H S I
T O F A O O E N A S C P B N U E K
B D R F I T R I K A I E U M E K S
M H U U L Z S C E M M Z I B A A E
A R E N A C W C N U E S R C M L M
R S S S S R K E S E C E K O M S F
I R S N S A T R K P R E G R A T E
N L A A A U R U I R M M B E M M F
A C H E A C M B M U I R B R D A K
T K C S E I S I I L C U T E A Z T
E E F G U E F N A T S A S D C B M
```

BARBECUE
CHASSEUR
CODDLE
CURE
DRIZZLE
EN CROUTE
FLAMBE
GRATE
MARINATE

MASH
MICROWAVE
PRESERVE
RUB IN
SAUTE
SKIM
SMOKE
STUFF
WHISK

Patron Saints

```
B O I U L N O M A R Y E R C A I F
C A M I L L U S D E L E L L I S E
S O L B N S P C L M O N I C A B I
O U T P R R R E I O S A Y C E L A
D O T E H A A I M D R O P L U I C
B A H A R O S C E N I T S U G U A
C A R W N O N B M N O S S C S O E
O E S E I N L S E E U B I S A E R
N U E N S I O F U R A T O D N N I
N A M C U M A N O S N I P P O S E
R R A E I B E Y D Y L A V C D R H
A E J S L N U N C N D I R O R S E
R O A L E X I U S U O A G D E O E
R R C A I N A M O M L M L U I N U
H X S S O I M U O I R U Y R O N U
A R A B R A B R D D N O O A U R O
M G U P E T E R M A N I R A R O I
```

ALEXIUS
ALPHONSUS LIGUORI
AUGUSTINE
BARBARA
BERNARDINO
CAMILLUS DE LELLIS
DOMINIC
FIACRE
ISIDORE

IVO
JAMES
LUCY
MARY
MONICA
OUR LADY OF LORETO
PETER
RAYMOND NONNATUS
WENCESLAS

Characters in Greek Tragedy

```
H E A I S U E N A P A C E B M H T
A N I G H A E M O N R A I M E T P
R E O I S P A E H C A M O R D N A
N S E E E H E D A D I A U O E A T
O E E A T A D S N C N M H M A H A
N M I N E M M A U N A H I C E R I
M N N E T I P H I G E N I A T S N
E A O E C E E I S E A A E S C H L
M I R M O A U C H O B C E H T I C
A O E I L O E L E U S N E Y J X L
G O S E I R T D C J M L D O A R A
A R T N H S I E H E E E C J M A E
N L E I P P H T T N U A A L S E R
M L S E U I I Y G S S T E C O X T
I I O S E A L A E T A C U C C A E
N T O A S C N M A L C E S T I S S
A A E N O G I T N A E S H M T G E
```

AGAMEMNON	HELEN
AJAX	IPHIGENIA
ALCESTIS	JOCASTA
ANDROMACHE	LAERTES
ANTIGONE	MEDEA
CAPANEUS	OEDIPUS
CLYTEMNESTRA	ORESTES
HAEMON	PHILOCTETES
HECUBA	TYDEUS

Hair Care Items

```
S  T  C  E  B  R  H  A  I  R  D  R  Y  E  R  H  R
E  W  C  T  S  E  R  O  H  H  H  C  V  R  C  E  G
E  C  T  C  E  U  S  A  C  H  U  O  I  H  S  C  D
L  E  T  I  L  H  I  R  N  R  L  B  A  O  O  H  X
R  N  I  N  A  R  I  U  L  U  Y  I  S  N  R  A  N
R  I  H  M  P  M  D  E  M  C  R  T  D  R  W  N  E
N  N  P  I  P  S  R  I  I  G  R  I  E  G  D  R  R
U  O  N  E  N  S  Z  L  R  A  T  O  N  R  Z  E  D
O  E  R  R  I  E  R  I  I  I  A  I  W  R  I  C  N
I  S  E  S  R  N  P  G  O  R  L  C  I  S  H  I  A
T  A  C  I  M  R  H  N  A  Y  R  E  R  R  I  B  B
R  O  Z  A  R  T  E  O  T  A  R  A  L  T  I  O  R
R  N  C  G  E  R  O  S  N  X  D  I  A  R  B  B  I
E  Z  D  N  P  Y  G  M  O  U  S  S  E  N  G  B  A
C  O  E  E  U  O  R  R  E  E  E  I  I  P  C  L  H
Y  R  E  I  H  S  U  R  B  A  S  D  Y  E  S  E  M
S  A  P  R  Y  S  N  S  R  O  S  S  I  C  S  P  E
```

BOBBLE	HAIRGRIP
BRAID	HAIRPIN
BRUSH	MOUSSE
CONDITIONER	RAZOR
CRIMPERS	SCISSORS
CURLERS	SHAMPOO
DYE	STRAIGHTENERS
HAIRBAND	STYLING WAX
HAIRDRYER	VOLUMIZER

Someone Lives There

```
G  A  P  A  L  A  C  E  I  O  R  H  M  T  E  R  R
A  A  I  G  L  O  O  O  G  C  K  T  T  R  A  G  E
Y  R  O  T  C  E  R  I  L  C  P  O  L  E  I  L  E
E  R  H  R  U  B  I  N  A  R  O  R  O  T  I  E  T
A  V  E  E  L  T  A  H  L  I  V  G  G  L  E  A  C
O  O  I  D  U  T  S  M  L  U  R  M  C  G  L  T  R
D  L  E  L  F  E  C  C  H  U  S  S  A  F  T  C  M
A  N  L  M  L  N  A  V  R  E  A  R  B  N  T  U  E
A  T  N  E  E  A  P  A  V  E  A  E  I  C  O  S  V
L  I  A  O  G  L  A  C  C  C  E  O  N  G  U  R  T
I  L  L  M  E  A  R  S  I  F  E  O  A  O  T  D  C
G  A  C  I  G  T  T  V  H  O  O  T  H  O  M  E  C
C  E  R  A  N  E  M  T  A  T  I  I  R  E  A  H  O
A  P  O  M  I  L  E  M  O  R  M  S  H  G  H  A  A
E  T  F  I  Y  A  N  S  C  C  E  D  V  U  V  T  S
I  R  T  A  T  H  T  A  A  N  U  E  I  T  T  C  T
M  H  A  R  A  C  T  H  D  N  A  B  T  N  I  B  E
```

APARTMENT
BEDSIT
CHALET
COTTAGE
CROFT
FLAT
HOUSE
HUT
IGLOO

LOG CABIN
MANOR
MIA-MIA
PALACE
RECTORY
SHACK
STUDIO
VICARAGE
VILLA

British Actresses

```
M R A N N J M A G G I E S M I T H
L N O R O S A M U N D P I K E E J
Y I E S S T R N A R O I O M T L O
A E T K D C N E E T A O C E I S A
M W L N R N E I T H N R N Y I N N
A O M T A U I G W L O A A L M I C
W E O M H H B W I S A R L V I W O
H N N K C G C Y A A A W R M B E L
O O E S I H I R H R P D E O I T L
Y D A I R B N N E T A E L I C A I
A H S R A M M Y K M A B N I L K N
W A O I D T M N S A N K R I T U S
A T M D N T I O C E R I A A A S J
N E M M A W A T S O N I Z R B L R
L Y N N R E D G R A V E E M D M E
O S H E I L A H A N C O C K A I O
N O S P M O H T A M M E O R E T M
```

BARBARA WINDSOR	KEIRA KNIGHTLEY
ELAINE PAIGE	KYM MARSH
EMMA THOMPSON	LYNN REDGRAVE
EMMA WATSON	MAGGIE SMITH
JANE HORROCKS	MIRANDA RICHARDSON
JOAN COLLINS	ROSAMUND PIKE
JULIE WALTERS	SHEILA HANCOCK
KATE WINSLET	TAMZIN MERCHANT
KATHY BURKE	TILDA SWINTON

Stories by Charles Dickens

```
T L C R D A S T T A T C N H G R N
H P N C H A N F V T I O V O O D I
T N O T C E O O L A R U H S T A C
O T S H T G I V C L R R E R H V H
A H D E S A T A H E O M B E E I O
A E N B I Y A F I O D U A P H D L
N H A A W O T L M F E T R A O C A
T A Y T T V C I E T L U N P L O S
O U E T R G E G S W T A A K L P N
B N B L E N P H U O T L B C Y P I
W T M E V O X T O C I F Y I T E C
E E O O I L E B H I L R R W R R K
E D D F L E T R K T R I U K E F L
E M G L O H A T A I L E D C E I E
X A Y I N T E M E E B N G I D E B
U N N F K G R A L S F D E P E L Y
B E I E I E G C B O O G O I A D O
```

A FLIGHT
A TALE OF TWO CITIES
BARNABY RUDGE
BLEAK HOUSE
CHIMES
DAVID COPPERFIELD
DOMBEY AND SON
GREAT EXPECTATIONS
LITTLE DORRIT

NICHOLAS NICKLEBY
OLD CURIOSITY SHOP
OLIVER TWIST
OUR MUTUAL FRIEND
PICKWICK PAPERS
THE BATTLE OF LIFE
THE HAUNTED MAN
THE HOLLY-TREE
THE LONG VOYAGE

Nursery Rhymes

```
L E E D L B O I P P E E O N H Y T
I A H H A N O M I S E L P M I S S
T O D O C T O R F O S T E R T B M
T J R Y B A B E Y B A K C O R B E
L C I I B A P D J A C K A N O R Y
E B T T W I N K L E T W I N K L E
B T Y G E O R G I E P O R G I E Y
O S N O M E L D N A S E G N A R O
P B A A B A A B L A C K S H E E P
E W A D Y R E G R A M W A S E E S
E H E Y D I D D L E D I D D L E A
P C K D I D L I H C S Y A D N O M
A O L D M O T H E R H U B B A R D
A H T H R E E B L I N D M I C E R
L J A C K A N D J I L L E L R B S
G C O C K A D O O D L E D O O D D
D T A C Y S S U P T A C Y S S U P
```

BAA BAA BLACK SHEEP
COCK A DOODLE DOO
DOCTOR FOSTER
GEORGIE PORGIE
HEY DIDDLE DIDDLE
JACK AND JILL
JACKANORY
LADYBIRD LADYBIRD
LITTLE BO PEEP

MONDAY'S CHILD
OLD MOTHER HUBBARD
ORANGES AND LEMONS
PUSSY CAT PUSSY CAT
ROCK A BYE BABY
SEE SAW MARGERY DAW
SIMPLE SIMON
THREE BLIND MICE
TWINKLE TWINKLE

Works by Mozart

```
M E C O R O N A T I O N M A S S I
E M E I F G V D M I T F N O N A D
C U A A L L I S O I C U L R R S O
I E N B V M D G U A E A P E N D N
L D T U E E S A M U S S Q S S M A
P E S U E N V I N C S U A L U R N
M T R O L A D E V S I T R D N N O
E D U E R F R E R E U A M E I D B
S S C N G A C E M U R N S O O E I
A D E E N I A I P P M B B T E L S
T B B M N R N C G S F C A O O S P
N O N O N D M A U A E I O S I F A
I N U D M M I E C M M V N R S S C
F A E I R R M H E O G E P D P I E
A N N C N B E S D A E U H E U U M
L O A A S O M I R C A L A T O N S
R X D O N G I O V A N N I M O M G
```

ABENDEMPFINDUNG	LA FINTA SEMPLICE
AVE VERUM CORPUS	LACRIMOSA
BONA NOX	LUCIO SILLA
CORONATION MASS	MISSA BREVIS
DANS UN BOIS	REGINA COELI
DIE MAUERERFREUDE	REQUIEM IN D MINOR
DON GIOVANNI	TE DEUM
DONA NOBIS PACEM	THE MAGIC FLUTE
IDOMENEO	VESPERAE

Types of Jacket

```
E  C  R  A  C  T  A  E  O  O  A  R  C  O  T  E  C
E  F  O  L  A  C  E  A  H  R  T  E  D  L  E  R  C
T  C  A  O  A  N  E  E  C  A  D  U  A  R  E  O  R
A  R  C  P  J  F  E  O  O  W  F  N  C  F  C  J  T
C  A  E  U  C  G  W  C  A  F  O  G  E  B  C  E  C
T  I  A  F  E  N  K  E  E  R  T  E  Y  O  N  R  M
R  N  T  G  O  C  E  L  A  R  R  E  K  D  A  K  A
E  C  A  K  O  E  C  K  O  C  T  T  C  Y  M  I  C
N  O  O  R  A  O  C  D  O  A  O  A  C  W  W  N  R
C  A  F  R  A  O  O  O  O  G  H  A  O  A  R  L  G
H  T  C  T  O  F  L  C  O  O  C  F  O  R  A  O  C
C  A  K  H  A  T  R  C  G  U  N  G  Y  M  O  F  H
O  U  K  T  I  E  A  N  N  L  O  H  R  E  R  A  C
A  L  C  O  V  K  R  E  A  E  P  A  A  R  E  T  N
T  T  A  O  C  T  A  E  R  G  N  N  G  U  C  I  U
O  E  F  O  E  A  R  O  L  T  F  U  R  C  O  A  T
V  Y  V  R  E  E  F  U  T  R  E  Z  A  L  B  R  O
```

AFGHAN	FUR COAT
ANORAK	GREATCOAT
BLAZER	JERKIN
BODY WARMER	MAC
CAGOULE	OVERCOAT
CAPE	PONCHO
CLOAK	RAINCOAT
DUFFEL COAT	REEFER
FROCK COAT	TRENCH COAT

Australian Universities

```
M N M E L B O U R N E L R S N N Y
A I D S I D M Y E Q N E T S N E T
L W N R I V E D O E D E S N I W R
U R O C L N D U E I W O L A N E U
O A B E D M N N T A R E R E S N T
A D G Y L S A H A C K R E Y E G S
I S S N O C C C N L E I H L L L S
O E W N O O O R Q B S D N N A A E
O L R A W G E C N U N N E O W N L
T R H A I H N A I R A D E L H D R
W A N C T R C O E R I R E E T C A
G H S U O I O R L A R H I B U L H
D C O M H D R T L L N S A E O Q C
L S N K A S R E C U O B C E S W A
C H S D I N D U R I N W S U W L C
E A Q R R A I A M D V E L A E C A
S N N M M R D A A M E C Q O N N E
```

ADELAIDE
BOND
CANBERRA
CHARLES DARWIN
CHARLES STURT
DEAKIN
EDITH COWAN
MACQUARIE
MELBOURNE

MURDOCH
NEW ENGLAND
NEW SOUTH WALES
QUEENSLAND
SOUTHERN CROSS
SYDNEY
TASMANIA
VICTORIA
WOLLONGONG

Turkish Cities

```
E  U  S  S  T  B  A  A  A  E  R  S  A  U  B  B  S
A  S  Z  I  U  K  R  M  M  S  Z  S  N  A  N  A  H
A  E  A  R  O  A  A  E  E  E  E  B  B  E  M  T  I
A  A  S  N  E  S  R  R  I  S  R  U  E  A  A  M  R
U  A  Y  M  M  S  I  I  N  E  K  Z  N  G  A  A  K
A  A  S  H  I  R  R  S  A  K  S  I  U  U  V  N  T
S  I  S  N  I  A  E  E  E  A  S  M  S  R  N  S  A
S  A  Y  A  M  N  S  K  H  A  R  P  S  E  U  N  N
P  N  N  K  S  L  Y  I  S  D  M  I  Z  R  H  M  K
E  A  U  Z  E  E  A  L  E  I  E  A  R  N  S  I  A
T  U  E  S  K  P  K  A  E  A  N  N  L  E  S  Y  R
N  A  M  A  M  I  I  B  G  U  A  S  I  M  E  E  A
A  M  N  M  R  A  K  B  B  I  I  S  A  Z  N  A  S
I  A  S  A  I  I  S  S  A  V  I  S  A  B  L  M  R
Z  N  S  A  R  A  M  N  A  M  A  R  H  A  K  I  K
A  S  S  U  U  U  A  E  E  R  B  A  A  S  R  N  A
G  V  A  N  K  E  E  A  S  U  S  R  A  T  G  A  M
```

ANKARA	KAHRAMANMARAS
BALIKESIR	KAYSERI
BATMAN	KONYA
BURSA	MANISA
DENIZLI	MERSIN
ERZURUM	SAMSUN
ESKISEHIR	SIVAS
GAZIANTEP	TARSUS
GEBZE	VAN

At the Butcher's Counter

```
R  T  O  N  G  U  E  E  R  N  E  S  O  O  G  E  N
I  A  P  T  W  T  W  O  L  L  O  K  I  F  E  G  D
E  M  K  R  G  T  A  L  M  V  C  P  R  K  E  T  E
O  E  K  O  E  T  U  I  I  U  I  I  N  O  U  E  N
I  R  N  T  H  A  N  R  R  N  C  G  M  B  P  E  B
I  S  K  T  A  C  E  E  K  G  K  S  O  I  P  E  K
C  G  I  E  E  K  L  C  T  E  E  K  M  B  N  H  N
U  K  D  R  K  C  S  V  C  F  Y  N  E  N  A  A  E
S  B  N  S  T  N  K  A  K  O  K  U  A  R  O  K  K
I  O  E  O  X  T  A  I  L  E  A  C  E  F  Y  G  C
E  G  Y  O  E  R  K  K  O  N  I  K  T  C  L  R  I
T  T  N  O  S  I  N  E  V  E  O  L  B  V  E  E  H
I  U  A  K  X  N  O  M  M  A  G  E  T  R  E  U  C
V  E  R  P  A  F  H  N  S  T  E  A  K  N  A  A  G
G  T  B  G  E  R  K  E  O  E  L  B  C  T  K  W  V
E  M  T  G  O  S  Y  Y  I  N  E  N  T  E  P  U  N
E  C  G  B  T  G  T  W  T  T  T  R  E  V  I  L
```

BEEF	OXTAIL
BRAWN	PATE
CHICKEN	PIG'S KNUCKLE
GAMMON	PORK
GOOSE	STEAK
HARE	TONGUE
KIDNEY	TROTTERS
LIVER	TURKEY
MINCE	VENISON

Game of Golf

```
G F G I G I W E F W S A S K N I L
I E Y B A E C O D G U A Y N O O I
D G F F U W E A O O N D S O A S T
K A A A O N A I D D B L E N G W C
C L I I U G K B U D O B K E E I U
A F R E U I O E D G Y D I W S N A
E D W G L R S K R I C R P W A G R
E D A S Y W L S D E S O S F K K S
I F Y A I G I I A I I D U B R F W
D D I P D C C W R C A Y S R Y Y U
B Y R N A L E E D L E C G Y S D O
U O O I U C E G D E W A U G H E T
O I N B V B I A G S N I K O U P H
O N Y N N E Y D N W G I L Y A B A
C H Y R E I G Y N L K E E G U L D
N K C R A W N I C A E E T O D O A
E U A I E F I E O U H O I W D D C
```

BUGGY	HOLE
BUNKER	IRON
CADDY	LINKS
CLUB	SLICE
COURSE	SPIKES
DRIVE	SWING
FAIRWAY	TEE
FLAG	WEDGE
HANDICAP	WOOD

At the Zoo

```
R  O  D  O  R  K  C  P  A  I  D  W  R  N  R  N  B
F  L  E  O  P  A  R  D  R  C  O  N  P  N  I  P  E
R  L  F  E  E  F  F  A  R  I  G  D  C  T  A  E  A
A  B  O  B  R  O  R  D  N  T  I  E  D  N  A  F  R
N  P  E  W  A  A  N  V  H  A  C  E  D  B  P  F  R
T  N  O  N  M  O  N  K  E  Y  U  A  A  O  R  C  A
E  R  A  Z  I  B  E  L  E  P  H  A  N  T  C  O  L
A  A  G  A  L  P  D  K  B  G  O  O  D  S  R  C  R
T  G  A  M  R  C  U  A  A  H  Y  L  I  O  O  R  M
E  U  Z  K  N  E  B  C  A  N  L  N  R  R  C  D  I
R  O  E  O  R  O  R  F  R  U  S  G  P  E  O  I  O
A  C  L  K  O  E  I  E  E  O  L  E  R  C  D  D  D
R  A  L  N  G  R  P  L  A  N  P  K  P  O  I  N  H
A  P  E  D  Z  R  V  R  L  A  I  A  C  N  L  E  O
R  E  A  A  A  R  D  V  A  R  K  K  O  I  E  O  E
E  B  R  O  I  O  R  E  R  E  E  G  P  H  S  E  N
U  N  O  E  O  D  O  C  A  T  P  P  R  R  T  O  Y
```

AARDVARK
ANTEATER
BABOON
BADGER
BEAR
COUGAR
CROCODILE
ELEPHANT
GAZELLE

GIRAFFE
LEOPARD
LION
MONKEY
PANDA
PORCUPINE
RHINOCEROS
SNAKE
WOLF

Movie Stunts

```
M H H M S F N Y N G S S N N S O L
W P E H G E I I C O T P H I I A R
I I A L N R I R U C I C P A S C E
N W S E I Y U K E B A S E J U M P
D I H V L C T N D B P R O C N G W
O L F I T E O H A N A I C L R I H
W D E D S W L P G W O L A H P M F
S A E Y E M H C T I A L L E A X R
M N E K R G L D Y E F Y W H S S E
A I H S W E H S N C R R T H W N E
S M S G N M S L N C R S A R O I R
H A N D T O H A N D C O M B A T U
D L P M U J L L A F R E T A W I N
T S W O R D F I G H T N Y O S E N
P P U E L I P Y A W R O T O M H I
W S W C I W C B E N R N R O W S N
Y Y A I N A L I R O P E S W I N G
```

BAR FIGHT
BASE JUMP
CAR CHASE
EXPLOSION
FIREBALL
FREE RUNNING
HAND-TO-HAND COMBAT
HELICOPTER SMASH
MOTORCYCLE LEAP

MOTORWAY PILE-UP
ROPE SWING
RUNAWAY TRAIN
SKYDIVE
SWORD FIGHT
WATERFALL JUMP
WILD ANIMALS
WINDOW SMASH
WRESTLING

Eponymous Scientific Laws

```
A I B O V U O M E N D E L S S L A
L O O V S E C A V O G A D R O S R
O S S S S B S M A P S R G S U U E
S S S I L L U O N R E B M M S N S
E E N N U C E T L K L F K H E I H
M E G I S E I T I O E I M O M I U
U G S L E E M R J O U L E S H B B
H K R E D T C S S U V U P F S O B
E A B A R H S N R S S H L N K C L
S S I O H E B N I E S N E A O R E
E S I O Y A P S I A L I O U H P S
L E F C O L M M S E W P L T R U I
P F A N U L E S A I E O E B W M E
S M S M S R S S B O M B K K I E O
I S C O R S I E G B U A E S S O N
P A S C A L S E S E P E S R N S R
L S R E S P S K S M L E R E R E M
```

AMPERE'S	HUME'S
AVOGADRO'S	JOULE'S
BERNOULLI'S	KEPLER'S
BOYLE'S	KIRCHHOFF'S
COULOMB'S	MENDEL'S
CURIE'S	NEWTON'S
EINSTEIN'S	OHM'S
GRAHAM'S	PASCAL'S
HUBBLE'S	WIEN'S

Ailments

```
C C S K O C L C A B O D C E B V S
S O L L N E O C L S D R T V C I O
O L R O E L B A P O N R L O U R E
E E P N D C C R H G U O C B T U C
R H L R U K A W O I O I A V I S B
R C I H E I L P O K W B A S B E C
E A R Y N B L O E C E P D L N S O
A D E U B T E R R O L N V R N H U
N A H R O L L I M P S C B R E K N
R E W K V E I C O U I H N O B B U
U H N F P R E S L K N I E O N O Y
B R H H L O S L T H F L S T K E T
T E H R C U A N U E P B I U L B H
R C R L T C N U O E R L U I E S O
A L B L O O D C L O T A R S P Y A
E U U E B V E S I C C I B A O Y E
H C L Y A D H I N W K N H A N R L
```

BLACK EYE	COUGH
BLISTER	FLU
BLOOD CLOT	HEADACHE
BROKEN BONE	HEARTBURN
BRUISE	LIMP
CALLUS	SPRAIN
CHILBLAIN	ULCER
COLD	VIRUS
CORN	WOUND

Not Feeling So Brave

```
M S A L N N E K C I H C O D P P O
N S I W K G N G V I I T A R L W I
I I S S I S N O S E L K A A V E T
B I S T P M T I O A M I U T I A S
D P S Y W I P W L R T I I S L K I
P T C U B R R Y K K T L S A I S I
U W T P O A E I L A A L U D A P N
S O I M G M B S T D A E O K C I U
D L O A P C I Y T L R L W P O R D
C L R P S Y N N R D E A A K Y I I
R E C R E A N T A C I S W L S T M
L Y B I O E S I B L R T S O O E I
T T I M O R O U S E L I I T C D T
S P I N E L E S S A I I C H W E A
G W L C S S E I P A Y C S B O L W
S C A R E D Y C A T S A E U O O D
G U T L E S S T S A C L I R P C A
```

CHICKEN
COWARDLY
CRYBABY
DASTARD
GUTLESS
POLTROON
PUSILLANIMOUS
RECREANT
SCAREDY-CAT

SPINELESS
SPIRITLESS
TIMID
TIMOROUS
VILIACO
WEAKLING
WEAK-SPIRITED
WIMPY
YELLOW

95

Words with 'Word' Inside

```
W W P D R O W R E T F A S E O W R
T D O W D D R R C D R Y Z O W S S
S L D R W E L D R F K I O I C H T
S S E L D R O W D E D D W O R A R
A T D B R I A W W Z D S D R N D O
W O R D A G E D H R W O R D I L Y
O L D S W O S S E N I D R O W A W
R W W R D O D R T O D R O W Y B O
D W A O D R R R B U Z Z W O R D R
I A R T R R O D O K R D W W E R D
N E E E C D O W I W N D W W D R E
G R E E O H P Y A E K S D R I A D
W D D S Y S W L O P R C K S O R R
D A E R D O A O A R D N A A D R R
A W D R O W E R R Y D P R B O R W
Y E T L R W O O R D R S R W E R E
S O A R Z R S S W E A R W O R D O
```

AFTERWORD
BACKWORD
BUZZWORD
BYWORD
REWORD
SWEARWORD
SWORD
WATCHWORD
WORDAGE

WORDED
WORDIER
WORDIEST
WORDILY
WORDINESS
WORDING
WORDLESS
WORDPLAY
WORDS

Be Decisive

```
I  R  V  W  D  E  W  I  A  D  I  P  N  G  L  M  E
X  E  O  E  I  E  F  X  D  I  U  P  S  N  E  N  D
I  D  L  L  V  I  T  I  I  R  P  E  T  I  X  S  V
N  E  E  D  X  S  T  O  P  G  S  R  R  V  E  A  O
G  I  P  E  E  T  R  O  V  U  S  S  O  R  T  M  B
X  N  D  E  D  D  S  I  D  E  E  E  N  E  I  O  S
R  I  I  X  R  E  N  N  E  D  D  V  G  W  N  N  E
E  E  V  T  F  S  T  I  O  D  N  E  N  S  S  O  S
I  I  S  U  A  M  I  T  M  G  L  R  A  N  I  M  S
R  S  L  O  E  I  P  S  I  E  W  I  T  U  S  A  I
D  P  N  N  L  U  V  G  T  M  L  N  E  D  T  N  V
I  E  O  S  V  U  D  E  N  E  M  G  I  D  E  I  E
D  O  G  G  E  D  T  I  D  S  N  O  N  N  A  I
O  R  R  E  U  M  S  E  U  N  V  T  C  I  T  C  M
I  G  N  I  R  E  V  A  W  N  U  P  N  E  S  A  E
I  P  I  E  R  M  R  I  F  N  G  A  I  N  T  L  N
D  E  N  I  M  R  E  T  E  D  M  M  P  R  L  D  D
```

COMMITTED	PERSEVERING
DETERMINED	PERSISTENT
DEVOTED	PURPOSEFUL
DOGGED	RESOLUTE
FIRM	SINGLE-MINDED
FIXED	STRONG
INSISTENT	UNDEVIATING
MONOMANIACAL	UNSWERVING
OBSESSIVE	UNWAVERING

Presidents of the United States of America

```
L R E A G A N O N R C L A O C M A
A G A R F I E L D S E D O N L E D
H Y N M L L D N O R J R B T I V A
T H N A B A A J N N K O A E N K E
N J Y A F N C N E O L F M N T A H
O O E C A M M D N F S R A O O D O
O S A H G C G M O M F K R H N A O
F K C N H K F A A L N E C L E M V
E U E C K I M L E L A A R A L S E
B O N N O N E G J G I S A S J R R
A O A C N L N L G O D N E E O I S
R K A S E E C I R S H I C I E N N
N J D J A Y D F A A E N L O L J N
A F O I O O R Y N M T L S O L R E
I A R A N N E N T E F C E O O N V
E I S E N H O W E R M B C H N C I
A R E T R A C D T O O D E O I M B
```

ADAMS
BUCHANAN
CARTER
CLINTON
COOLIDGE
EISENHOWER
FORD
GARFIELD
GRANT

HOOVER
JACKSON
JEFFERSON
JOHNSON
KENNEDY
LINCOLN
MCKINLEY
OBAMA
REAGAN

Forms of Sugar

```
R O T P H E G O X E B R E D E S T
P I A S S L O B S A E A E O E O E
X L D R E A E O O T R O L S R D I
M H R D U O L E S S D L O O T E E
A L L O O Y M A L A E B N E I T T
S L U O X X C O D S I A R D E A A
A E S G H G H O O R L A R E E L O
B S O T E P O X E A G E C X H U M
R O E S O W E P H E F A M T O N U
A D X O G H A E T O M B I R L A S
O L D R H R R S T E L D C O S R C
A A L G G T G C E E R F I S L G O
A P P H T E D L H O O L N E M W V
O S W U P P R I E E E E G A T O A
H G R M B E L P A M N S O R G O D
G S Y E Y S E O E O X F A O L L O
C E U S P O M L T E E B M E R L T
```

ALDOSE
BEET
CASTER
DEXTROSE
GRANULATED
GRAPE
HEXOSE
ICING
LOAF

MAPLE
MUSCOVADO
PALM
RIBOSE
SORGHUM
SORGO
TREHALA
WOOD
XYLOSE

Can't Think Straight

```
T F E R E T D T M A I B E D C A N
D M M A N I C D C R D D N T T N U
A N N E N N E C R E I E A D N D A
M D A O I M O A B D T G S D L F D
C N S A E N T R I I C N N I E I E
M G B N F I U G I S R I I F C F L
Z D T U O T C R E T M H D R R E T
A E S N S F I R B R I N I E I D T
D E A I T R T D I A A U N G I C E
D L D N D A U E T C I Z E S C I S
H T W B D N H Z R T I E T I U T N
T E I F I T T A R E T R T A T A U
R M L A F I S R D D A E I H M N L
F C D O T C D C H U N F E I D U A
D H T N W T M D G E T M R E N L T
C U D Z I A I H R D R O N F N I U
O U I I N U T F T A R U N U N I E
```

CONFUSED	INSANE
CRAZED	IRRATIONAL
DEMENTED	LUNATIC
DISTRACTED	MAD
DISTRAUGHT	MANIC
DISTURBED	OUT OF THEIR MIND
FRANTIC	UNHINGED
FRENETIC	UNSETTLED
FRENZIED	WILD

Animals that Migrate

```
H U M P B A C K W H A L E A W A C
R G O L D F I N C H B T W O R Y W
L B O L U A W I U E K B P G M N H
M O N A R C H B U T T E R F L Y O
L K E R E A I R E E L E F I S I O
T R E B R B N S R H E L A H U N P
E A B E K I L E R N Y W E O R M E
W L S Z L C G I S C E C B E R R R
B W L N L A N E A G W I T E N T S
F O U A N D A T R A R C L N A O W
H D E A H T C O K A I B O E W E A
O A T B U H S A C T R O C U O M N
T E U R E B D G C A L E B A A I O
L M T R E R U R W U A D S F A A E
A L R A A C A T R E K C I L F R E
E B K D R I B G N I M M U H K G L
C W I L D E B E E S T A T C E E E
```

ARCTIC TERN
CARIBOU
DUNLIN
FLICKER
FLYCATCHER
GOLDFINCH
GREEN SEA TURTLE
GROSBEAK
HUMMINGBIRD

HUMPBACK WHALE
LOON
MEADOW LARK
MONARCH BUTTERFLY
TANAGER
WARBLER
WHOOPER SWAN
WILDEBEEST
ZEBRA

Impressionist Painters

```
T  O  R  R  A  S  S  I  P  N  D  T  T  L  R  M  T
L  S  Z  S  A  E  D  D  T  C  S  E  G  T  I  E  C
O  N  T  E  N  A  M  M  L  G  T  N  N  K  F  N  A
T  M  F  R  I  E  S  E  K  E  N  O  A  I  R  A  S
E  O  C  H  A  S  E  A  I  S  R  M  S  B  S  M  S
S  C  I  S  D  E  G  A  S  E  S  Y  O  C  R  T  A
E  T  O  S  I  R  O  M  E  E  E  U  E  A  I  R  T
T  S  S  I  S  L  E  Y  L  H  D  Z  A  H  N  L  T
M  S  R  A  I  I  T  L  T  I  A  R  A  O  A  S  E
R  I  A  R  E  S  I  I  N  N  L  S  L  E  O  T  I
I  C  R  O  I  Z  I  H  N  Z  C  S  S  E  A  A  L
A  K  R  O  A  O  G  E  G  M  T  E  N  A  T  I  L
N  E  N  B  A  O  N  H  Z  E  N  I  T  N  M  C  E
I  R  S  O  G  A  L  E  E  E  E  N  E  B  I  T  S
I  T  O  N  G  E  E  R  R  E  O  G  E  C  A  R  S
A  E  A  N  D  S  E  G  N  G  A  T  N  R  T  E  U
Z  V  G  M  I  S  E  N  O  A  U  R  E  G  L  I  R
```

BAZILLE	MONET
BOUDIN	MORISOT
CASSATT	PISSARRO
CEZANNE	RENOIR
CHASE	RUSSELL
DEGAS	SICKERT
FRIESEKE	SISLEY
HASSAM	STEER
MANET	VAN GOGH

Woodwind Instruments

```
D R R E C O R D E R K D C E C A X
X R N R Z B P K S I I U E T U L F
B H E E R I O A B D O O D L N C E
G C T M C R X I G A C T I U A H C
T N S C T O P E H T G A C O D T K
E U O H P E R D A P E P L A N O R
A L O H D I E V X P I G I R O P I
O L O D D B I S M U P L O P N M C
T N C O R N A M U S E H M R E D H
E B O C K D D S R C M W U H B S A
L D U P N M T X L M A E O R P E L
U F H S O N P A U H D N D F U P U
A N R U Z N R R S M R R P D L I M
X D B S E I K H O R N P I P E P E
O I A F N M R U V X E B R O L N A
N U I E H E R A A C V E O E E A U
U F T R E L K H O I A A R P N P P
```

BAGPIPES
CHALUMEAU
CLARINET
CORNAMUSE
DIDGERIDOO
DUDUK
FIFE
FLUTE
HORNPIPE

KORTHOLT
KRUMMHORN
OCTAVIN
PAN PIPES
PICCOLO
RECORDER
SAXOPHONE
SHAWM
ZURNA

Cell Organelles

```
M  I  I  N  E  C  A  O  D  E  L  T  I  O  N  H  Y
E  A  M  T  N  E  M  A  L  I  F  N  I  T  C  A  E
P  D  M  L  I  P  I  D  B  I  L  A  Y  E  R  I  S
L  U  I  E  L  O  U  C  A  V  C  M  N  L  X  T  P
C  A  T  A  S  L  A  N  Y  C  H  A  C  E  S  L  A
A  P  O  M  S  E  T  I  L  T  R  L  L  A  E  N  I
M  A  C  Y  L  V  M  E  M  B  O  P  L  L  U  L  X
S  C  H  L  A  N  M  I  M  U  M  P  C  C  C  O  R
E  N  O  O  N  E  A  E  C  O  O  I  L  M  A  M  E
D  O  N  P  O  R  M  A  C  R  S  E  A  A  C  P  R
O  L  D  L  L  A  A  I  O  E  O  I  S  A  S  I  E
M  M  R  A  M  E  G  L  V  L  M  T  X  V  B  M  R
S  E  I  S  I  L  H  T  U  T  E  M  U  O  T  O  S
A  E  A  T  O  C  L  S  T  S  S  L  S  B  R  E  H
L  L  E  G  E  U  L  I  H  U  L  O  N  M  U  E  B
P  T  E  A  L  N  L  M  U  E  M  I  Y  U  N  L  P
I  I  A  C  O  N  U  C  L  E  U  S  M  G  L  O  E
```

ACTIN FILAMENT	NUCLEAR ENVELOPE
AMYLOPLAST	NUCLEOLUS
CHLOROPLASTS	NUCLEUS
CHROMOSOMES	PEROXISOME
CYTOPLASM	PLASMA MEMBRANE
GOLGI COMPLEX	PLASMODESMA
LIPID BILAYER	RIBOSOME
MICROTUBULE	VACUOLE
MITOCHONDRIA	VESICLE

Not For Vegetarians

```
S O H S M T O H G O O T E A H H U
E S B B R A I S E D R L A L A T K
R O H C O S L E T S E G S A L M T
E S E E N A S C H E S E K E B A B
G E C L P T E O I L L E C T U E H
R P A S E H T T A T G U O H L S L
U S M L Y P E E S A T A O O R T U
B F T E O S S R S G D L R S P T I
I U F T A P O U D I H E L B S O T
C M O O O T A R N S S O I O G A I
S P A H N S B T C S P E M L A E C
N T C L E A H A A T U I A O L N Y
B A O S A E G C L E A G E G B A T
R P T B H S H O T L S O H N H H T
R E E O B R R S R B O S R E A L A
W A L A S H O H R T R I T S H G P
H E B H S A L U O G S A M E R E G
```

BOLOGNESE	KEBAB
BRAISED	MEATBALL
BURGER	PATTY
CASSEROLE	SALAMI
CASSOULET	SAUSAGE
CHOPS	SHEPHERD'S PIE
CUTLETS	STEW
GOULASH	STROGANOFF
HOTPOT	TOAD-IN-THE-HOLE

Theatrical Terms

```
E G O D S I E O I O N R R H I U H
C R R M E G T T C Y E E T P I O O
R R L S P U L A R A C O I S S L U
O R C H E S T R A P I T U I T R S
O R N T E G U E U S E G A T S A E
U A C L L H E T M R E S T I N G T
E A A O T E M O C G S I L T R E C
R N E R D A N U R A R P G O H F A
S H R G H O R E L L U L M I I C Y
P R L I L T E A E L Y S E R M H U
R I L O A N H S S E L O S U C O Q
R H G I R O P S O R G T S A C R O
S U N O R R S C R Y N S S N S U L
E G O N O A C N H I E P E T Y S I
O M Y C U S S C G O C G O N O L L
N E O C I S U H S P E E C H I A O
T S S R H C T A R E L O R F H L S
```

CHORUS
CORPSE
CUE
CURTAIN
FIRST NIGHT
GALLERY
GODS
GREEN ROOM
HAM

HOUSE
LINES
MONOLOGUE
ORCHESTRA PIT
RESTING
ROLE
SOLILOQUY
SPEECH
STAGE

Playwrights

```
B B C N C M A M E T R E E N E V E
O E Y O W I R E E A A E R C D O L
N R E T A I I F O I A N A P E H O
I K N R K E L S L L T O E A E K I
J O A O L T E D A K O E P E D E B
O F L T A E K Y E E I D S A D H S
N F E N C S C E C K L L E E C C E
E E D H O K S O U R E E K E O A N
D C E A B T W B O T D B A H C D O
R K T O C A E M O J T R H L T O B
A C U S R D I L N O O E S D E L C
T R A D K L P N D R M N K A A E U
N S C M L H L T Y D A B S C U Y B
T L S E L Y S U T I I C T O E E K
E B R R O H K L T C O M M E N B O
A L E O A A V N T M H O H L I Y R
E A T W T E A A O L E Y R O C N N
```

ARDEN
AYCKBOURN
BECKETT
BERKOFF
CHEKHOV
COCTEAU
COWARD
DELANEY
ELIOT

IBSEN
JONSON
MAMET
MIDDLETON
MILLER
ORTON
SHAKESPEARE
SHAW
WILDE

Not So Smart

```
E N E L S P N S C S C I N O R O M
S R I O A E S U O L U C I D I R I
A E S R S C C C N S V O C I E L N
L L S N N S I R I S U E U R D A T
T B H H N L E S P L S D C C L I N
H A W E O I A L N P I M M E A D A
Y N A N P R L H E E D C I C E V R
L O E A S S T I S S S D E E O N O
L S M N S E B S A S N N I B E L N
I A I I I M H S I T E E O P M I G
S E N A Z L S E E G I L S N U I I
I R U H L S U T U T H N T I W T S
I N Y Z A R C T Y L W T E N A L S
D U S I M P L E M I N D E D I B A
S D E N I A R B E R A H O D L O A
U N W I S E U C N I L B I I E I P
I H A L F B A K E D S N S I E B A
```

CRAZY
HALF-BAKED
HARE-BRAINED
IGNORANT
IMBECILIC
INANE
MORONIC
NONSENSICAL
POINTLESS

RIDICULOUS
SENSELESS
SHORT-SIGHTED
SILLY
SIMPLE-MINDED
STUPID
UNREASONABLE
UNWISE
VACUOUS

Famous French

```
N S C T C D C C D R R J E C L A E
U A R E H N R A A E A E L A A E L
E M P N A A D T T I Y G T M N O S
S U H O R R L H E F M E I I L H T
L D I M L R S E Y L O R M L A L T
E E L E E E L R S O N A A L E O L
E R I D S T O I S G D R I E E U O
E D P U D I U N U T B D L S J I U
L N P A E M I E B N L D L A U S I
A A E L G S S D E O A E I I L B S
F X P C A I P E D M N P W N E L B
A E E A U O A N E H C A A T S E R
Y L T E L C S E D P P R P S V R A
E A A N L N T U U E U D S A E I I
T E I E E A E V A S R I R E R O L
T J N L T R U E L O A E F N N T L
E N I E A F R B C J D U M S E E E
```

ALEXANDRE DUMAS
CAMILLE SAINT-SAENS
CATHERINE DENEUVE
CHARLES DE GAULLE
CLAUDE DEBUSSY
CLAUDE MONET
FRANCOIS MITERRAND
GERARD DEPARDIEU
JOSEPH MONTGOLFIER

JULES VERNE
LAFAYETTE
LOUIS BLERIOT
LOUIS BRAILLE
LOUIS PASTEUR
NAPOLEON BONAPARTE
PHILIPPE PETAIN
RAYMOND BLANC
WILLIAM I

Atomic Metals and Semimetals

```
L K M C A L C I U M C B E G O L D
M U N E D B Y L O M M E U P M D L
H L M H U M M G N I D D R D N M O
N A Y I U K N L S U Y U O B I G S
N N F I D A E L U S L M P E C L M
A G B N L O I M P U U M I R K Y I
C R E G I N M R U I M M U Y E R U
E O M R A U O S N I I A M L L U M
T T N M M S M I I I D L M L E C I
M I M M I A L R U E A U D I M R S
L T T U M O N L E I A M M U U E N
R M M A D M I I L U R I R M I M S
K I L A N C N R U I M N M I G L O
S Y G C M I N M O M U I U M E O G
A U G N T M U D E N D U M U E B Y
G A Y L I L Y M D B I M K L M M M
I I N M U I D O S O U I N U S I E
```

ALUMINIUM
BERYLLIUM
CALCIUM
DYSPROSIUM
ERBIUM
EUROPIUM
GADOLINIUM
GERMANIUM
GOLD

HAFNIUM
IRON
LEAD
MERCURY
MOLYBDENUM
NICKEL
OSMIUM
SODIUM
TITANIUM

Day at School

```
L S W I M M I N G P O O L F L F L
G C N A P O H S K R O W A O A P O
L O H T S T M D F I L L O O A R C
D P F B G S K M S R X B A T M E K
O C O F C R E A F O L L L B E X E
S B L H I R E M O C I I W A B A R
R S L A S C I N B M T B M L A M S
T M D L S K E C I L I R F L T H R
M K R A M S C N K A Y A I F H A E
L O R B C T R U L E U R C I R L C
M H O O T A T O T C T Y P E O L E
A L A R O G G L O M R P O L O L P
N S O A F E A Y T M T O I D M O T
C C C T C F O G M S T P R T E E I
T R F O P L A Y G R O U N D C F O
C M K R K M D T H O O M R O I H N
A K H Y E O C F S T O L R B O O A
```

ASSEMBLY
BATHROOM
CLASSROOM
CRICKET PITCH
EXAM HALL
FOOTBALL FIELD
GYM
LABORATORY
LIBRARY

LOCKERS
OFFICE
PLAYGROUND
RECEPTION
STAFFROOM
STAGE
SWIMMING POOL
TUCK SHOP
WORKSHOP

Fish

```
H P C R H L H G F S Y N O E W I I
R P R N G O B Y E T P O L O A O S
R O T S I A I U E S R O H A E S I
A O W E P L R O R E C A R P U I E
E C T R T I R L L C I E D T W R D
O O E H R R L A O B E F U H L R W
L S F E Y A A O M O A N I D I E O
D N I L L C S P R N E T E U R E T
E O C I O N E B R I I S S E P R R
L C C R P U H H O N I D I I O C C
D L M P T E N C G R R I E U E R I
O G B I L R H D R B A R T O H C C
D S A B I E S A E E L D R Y E L H
U O C E H I C R A R P E A R Y D L
A C O N C C P O D L I R N N T E I
L P I N B I C H I R I C D N I D D
A S M E N N T O L C I B N G Y O I
```

BICHIR	PERCH
BLENNY	PLECO
CARP	RASBORA
CICHLID	SEAHORSE
COD	SPILO
DANIO	SYNO
FLOUNDER	TETRA
GOBY	TROUT
MARLIN	WHITING

Everyday Latin

```
O  T  I  H  A  B  E  A  S  C  O  R  P  U  S  T  A
A  T  N  O  P  C  U  O  M  I  N  A  X  E  A  I  E
O  N  V  E  S  C  A  V  E  A  T  E  M  P  T  O  R
E  V  I  V  A  V  O  C  E  A  S  P  P  I  M  O  F
V  B  N  H  A  O  V  E  P  U  E  O  T  U  M  P  A
U  B  O  I  C  A  P  G  P  R  M  A  S  L  U  B  H
A  U  V  E  C  A  D  O  F  V  O  O  P  E  O  E  A
T  P  E  L  N  A  M  I  L  E  G  P  F  N  O  X  I
V  R  R  C  C  U  D  X  N  R  E  E  A  C  I  O  N
E  O  I  M  N  E  S  E  E  F  N  F  F  T  M  F  T
R  T  T  G  L  R  B  O  T  S  I  V  T  N  R  F  E
T  E  A  I  O  A  T  M  C  D  U  N  R  I  C  I  R
U  M  S  A  T  I  V  A  E  N  A  E  I  M  E  C  A
S  P  N  O  G  M  U  C  T  C  M  C  D  T  I  I  L
A  O  N  O  G  L  R  E  E  O  E  I  O  N  U  O  I
A  R  C  I  E  C  E  R  R  B  N  O  C  T  P  M  A
M  E  A  C  U  L  P  A  A  M  H  O  T  R  M  I  P
```

AD INFINITUM
BONA FIDE
CAVEAT EMPTOR
COGITO ERGO SUM
DEUS EX MACHINA
ET CETERA
EX ANIMO
EX OFFICIO
HABEAS CORPUS

IN VINO VERITAS
INTER ALIA
MAGNUM OPUS
MEA CULPA
NOTA BENE
PRO PATRIA
PRO TEMPORE
SEMPER FIDELIS
VIVA VOCE

Coins

```
E M I E A O U L O U I S D O R E P
S E N N T O A E M I D G E O L I L
L O E D B C E D R R R D I L I S N
K T A O T D S B R E G R I M N O L
N R L A N O D E T I T M O I O A M
N P O G I N A A S A I I E P U E I
U R S N E E T O C T D I C Y C N T
G N G U E S D U N O E N G R N I O
L I L S I R D I R I E R F P R U I
E R L E O R I E U E C T C R A G M
G O U Y L V A T O Q N K R E U R A
N L I O L T E N F I A A E O G K O
A F Y D R D A R E I D P L L O E N
D T O N S G O E E D E I E R I O L
Q U A A N R E F L I D C O P P E R
F N L E R E E I L R G A E O R T D
S A N N B E P N T L A N E L B O N
```

ANGEL
COPPER
DENARIUS
DIME
DUCAT
FLORIN
GROAT
GUINEA
LOUIS D'OR

MOIDORE
NICKEL
NOBLE
OBOL
PENNY
QUID
SESTERCE
SOVEREIGN
STATER

Beekeeping

```
E N O R D K R F N E E U Q K C I J
V E A L A R E K O M S O R I S G H
E Y W E E E M Y L L E J L A Y O R
N Y V E V C S S A W E L E S M N T
E T A T N P N W C L G W N E E A E
W A H N H M H A R V E S T I N G H
B A V D N G J R D N R E B R G A M
R Y E R O E I M E E O A S S M S T
O G T R A E G L R Y L E T O I E O
O K A K S L R I F S M G D C N H M
D E T O N O R V C G Y E G E E I G
O K A L W P I A L O N O W A H N L
N O T I I L O F T E M I H R W W O
E N O M O R E H P S O B T I W G V
N R W O R K E R R R R N N E A V L E
N O E J C V D H E E E I O A M E S
N R N O E K O R G C H O N E Y I E
```

BROOD
COMB
DRONE
EGGS
GLOVES
HARVESTING
HIVE
HONEY
INSTAR LARVAE

MATING FLIGHT
NECTAR
PHEROMONE
QUEEN
ROYAL JELLY
SMOKER
SWARM
WAGGLE DANCE
WORKER

Fictional Pachyderms

```
R R E I N T I I H T A I L O G N E
P I L N H M I R H G O A O G E C Y
O H Y O U U R P H E A R N K K A N
P C R O H L G A L U I A I L A Y N
N A E H O N H I O U B R H A L A A
A V N N R L H Y E L C O R O A O M
A R O H I T E L G D O Y E E N E M
R E T O A H L E M O M R H H A L L
L D R H H I C E U U L R T L G S R
O N O U E T L N R M E I Y C U A R
B A H E N H M R A R D R O N O R B
M M M H E A A H E H R C R U O B B
U M U O U Y R Y H A P L M S H C L
D O U L H N O E C L U E I L L Y G
E C U R A B A B E I E E L A I A Y
L L A I E A R M N N M A M E M A I
N P O D A L R T R A W E T S A H I
```

BABAR
CLAM
COMMANDER VACHIR
DUMBO
ELEPHANCHINE
ELLIE
GOLIATH II
HATHI
HORTON

KALA NAG
LUCY
LULU
MANNY
MURRAY
ROLO
ROSIE
ROY THE RHINO
STEWART

Capital Cities

```
A A B A B A S I D D A L O N D O N
R S N N B A R N E E T O K Y O I U
W A T H E N S O N A A K N U A B L
O I I A K U N A U N N I S W R S T
C O N E L A I L D O R N A S R R N
S I E U B R U A L O O S E N B U L
O C G N O O E L I L H N A I M P C
M H P B O R L L S I R L N L V M A
K L I A O A P U N N N L B B O U I
L A L S L A L G X W W I B U R L H
K U T U R L T R A E A M W D K A L
R N S I O O A R W H M A S A T L E
N R S I N E S N L D L B O S W A D
I C M D O A S S O A A K O D A U W
H B C V W L E O A E A N L U A K E
L U E R I L A M H E E K X Y R I N
A R R E B N A C O B E R L I N G O
```

ADDIS ABABA	MOSCOW
ATHENS	NAIROBI
BERLIN	NEW DELHI
CANBERRA	PARIS
DUBLIN	SEOUL
KUALA LUMPUR	TOKYO
LIMA	VIENNA
LONDON	WARSAW
LUXEMBOURG	WASHINGTON DC

Biblical Disciples

```
A K N M Y I M W A R D H I S U O L
B N C W A A A P L E O U I N H A A
A S I L A S W C I D A N N T H R N
R K H A E I O E P L J A A L A H R
T S D M L O P M R N I I O C N A K
H M K O N P P I H D R H W O I R B
O M I W O T H A U W N O P E A N E
L A M D M A K Y S H D A U M P R D
O A N I I H M H G M O M I S H A D
M A N S T U W S N E S H M T M S L
E I H U I N E N A R L O L I S M U
W O P A U L H S B E Y L I S A B T
J O M S A J T J R D K E U L E A H
P N Y A O S T O U S H U B S N O O
B S I D G P A H D I A S L I O N M
A O O U R O M N C T S H P N E I A
E D U J U N S A I N A N A S A A S
```

ANANIAS
ANDREW
BARTHOLOMEW
CLEOPAS
JOHN
JUDAS
JUDE
LUKE
MARK

MATTHEW
NICANOR
PAUL
PHILIP
PHYGELLUS
SILAS
THOMAS
TIMON
URBAN

Roman Goddesses

```
N O M A O A A U F I E A A A R I N
F A E N A O N A R G S L A M B O L
A L E M N I N P E A A N P N N A V
O A M S M U R R M O I V E A P A E
I O F U T N I A R V R F A I N E R
A A P R J A A O E M E M N I L S A
S U O S C N D A F S A I R E L F A
B F E A I R O T C I V R R O A F N
L A N O N N A S A I U R S E R E C
I A E J N V L O L F S R E M N A R
A F U R A N O M O P B C S N A S A
R N A A A N I M U R A E N A A A A
O V E N U S I E U O O B L E F A L
O F A U N A T E O E F P N L L U U
F M T P R O S E R P I N A I O A N
O F N N I C A R B F R A L N R N A
U E A T A N S A N A I D N A A G A
```

ANNONA	JUNO
BELLONA	LUNA
CERES	MAIA
DIANA	OPS
EGERIA	POMONA
FAUNA	PROSERPINA
FLORA	RUMINA
FORTUNA	VENUS
FURRINA	VICTORIA

Zelda Games

```
T  S  U  W  T  H  E  W  I  N  D  W  A  K  E  R  P
A  O  O  A  L  I  N  K  T  O  T  H  E  P  A  S  T
S  E  R  S  P  I  R  I  T  T  R  A  C  K  S  A  S
V  L  E  G  E  N  D  O  F  Z  E  L  D  A  U  N  M
O  K  S  A  M  S  A  R  O  J  A  M  L  W  A  W  C
E  E  O  R  A  C  L  E  O  F  A  G  E  S  O  U  D
A  O  A  O  D  R  O  W  S  D  R  A  W  Y  K  S  A
C  M  S  D  R  O  W  S  R  U  O  F  W  I  D  L  A
S  O  C  A  R  I  N  A  O  F  T  I  M  E  S  K  A
T  T  W  I  L  I  G  H  T  P  R  I  N  C  E  S  S
S  R  T  T  H  E  M  I  N  I  S  H  C  A  P  H  Z
L  I  V  E  F  O  S  E  C  A  F  E  H  T  T  H  C
S  E  R  U  T  N  E  V  D  A  S  A  D  L  E  Z  S
A  G  S  N  O  S  A  E  S  F  O  E  L  C  A  R  O
C  S  A  D  V  E  N  T  U  R  E  O  F  L  I  N  K
S  H  C  T  A  W  D  N  A  E  M  A  G  O  M  N  C
P  D  L  I  N  K  S  A  W  A  K  E  N  I  N  G  A
```

A LINK TO THE PAST
ADVENTURE OF LINK
FOUR SWORDS
GAME AND WATCH
LEGEND OF ZELDA
LINK'S AWAKENING
MAJORA'S MASK
OCARINA OF TIME
ORACLE OF AGES

ORACLE OF SEASONS
PHANTOM HOURGLASS
SKYWARD SWORD
SPIRIT TRACKS
THE FACES OF EVIL
THE MINISH CAP
THE WIND WAKER
TWILIGHT PRINCESS
ZELDA'S ADVENTURE

Rivers of the World

```
U P L A E N Y T L Y C M E O T C L O C
O E E L I N R R E H H O G O E L L R B
O T N E E E S O U O L E N P E I S H R
N N N L O R G R E D G N I O T A E E I
S T K U O R C L D R E E O T M O Z I A
E C D R R H L N O J Z L L W O R N D G
V O D A I E R I N N H E O A O I I Y E
E C N L S G N Y A R B R R S Y O O N Z
R I L O C E I U V I R A L I U G O T T
N I M O T W J O G A N A O O K R R A G
D I N O N I L H B E P T R S O A Y H N
I N N R M T O I L U O I H G N N A J A
L T A I A R C O M N Y G D A G D C L Y
L R D N N C O P O P O G A N M E R G M
K A R O L A I S I S O M H C I E S O T
I A O C N H H A L A A P E O O G S Z A
R O J O O O M N N Z M Y O N N C E L G
S S O O H N Y R O N L A O G T I G R S
R R O E N E O N S A T N G O T Z U G R
```

AMAZON
BARROW
CHURCHILL
CONGO
ISIS
JORDAN
LIMPOPO
LITTLE BIGHORN
MOSELLE
NIGER

NILE
ORINOCO
RIO GRANDE
SEVERN
TAY
THAMES
TYNE
VOLTA
YANGTZE
YUKON

Winter Olympics Cities

```
O  M  E  A  N  N  V  A  N  C  O  U  V  E  R  A  N  G  E
O  Y  A  D  X  E  E  N  C  A  A  B  N  I  R  U  T  I  R
P  N  G  T  R  I  A  H  N  N  H  C  S  I  M  R  A  G  O
O  Y  M  R  N  E  N  L  C  N  R  L  Z  I  B  I  E  C  M
V  E  E  T  E  S  W  O  B  R  A  R  R  T  A  A  A  E  S
E  B  O  O  M  N  Q  E  M  E  I  N  H  I  E  T  N  E  A
J  R  H  L  N  N  O  U  A  A  R  K  T  L  G  E  S  A  L
A  I  E  C  I  G  E  B  A  E  H  T  N  I  V  I  N  D  T
R  U  Y  U  A  L  C  S  L  W  S  C  V  E  S  R  O  I  L
A  S  E  S  A  L  L  H  C  E  V  V  B  I  T  C  L  C  A
S  A  V  T  A  P  G  E  A  K  I  A  R  A  L  R  G  A  K
A  P  B  M  L  A  G  A  H  N  T  P  L  A  A  L  A  L  E
O  P  C  O  B  U  K  J  R  A  G  E  H  L  Y  A  E  P  C
Y  O  Z  R  I  H  C  O  S  Y  M  H  C  N  E  L  C  E  I
N  R  A  I  K  A  C  E  A  L  A  M  A  B  A  Y  I  K  T
O  O  I  T  N  S  S  N  N  C  H  L  E  L  G  G  I  A  Y
I  N  A  Z  I  H  A  E  R  A  O  A  D  R  C  L  A  L  N
A  V  O  Z  Z  E  P  M  A  D  A  N  I  T  R  O  C  N  T
A  V  S  E  C  I  N  N  S  B  R  U  C  K  N  C  M  N  O
```

ALBERTVILLE	PARTENKIRCHEN
CALGARY	PYEONGCHANG
CHAMONIX	SALT LAKE CITY
CORTINA D'AMPEZZO	SAPPORO
GARMISCH	SARAJEVO
GRENOBLE	SOCHI
INNSBRUCK	SQUAW VALLEY
LAKE PLACID	ST MORITZ
LILLEHAMMER	TURIN
NAGANO	VANCOUVER

American Television Networks

```
B G E V T Q I I O V O E G M O O O L N
P S H T N E B T I H W H N E O I R V N
C N R A T S Y A D B B I A N W T T W K
L O E T I V H C V O T E Z C C O T R C
W I E R E C V S B E E A E R C H O C T
U S E T A E R C M N N H E I I W I A I
A I M Y I E I C S I T O I S T M V O V
N V C I S K O R M E T V T E O I N W W
M I U E E Z O B I B U V N V W L T T S
R N T I I B O B C I G L I L I V C R S
C U T T U U I G N E L E T F I T B N I
W N V Q N K E T B E S B E B E C Y N T
T I C C I E I N W R E T R O T V O A I
R G E E H E T E K T C O O L V C A M R
V T S W L E V E I N H N R E E Y B S G
V T H T O I C N I R R R C L N T E A F
S S S B L T T V O S E E S C A P E I V
U E W C C V R D B A N T I W E I C S O
H I F N T R I C S R S U V N B Z N Q Q
```

ABC
BOUNCE TV
CBS
CNN
COZI TV
CREATE
DAYSTAR
ESCAPE
GRIT
HSN

ION LIFE
LIVE WELL NETWORK
METV
MOVIES
NBC
QUBO
RETRO TV
THE CW
THIS TV
UNIVISION

Types of Trousers

```
S P P H R A D A T R S K C A L S P N E
S K U H O P L U S F O U R S B S R S G
S O S S S A A I A A A A E S E M G E P
U R O E T A I M R E A I R U L I S H L
A S E Y P N R E T R I D S S L N N C L
U R T S S I A N U C N N S N B E A E L
P U A N U I P P D H D T R A O D L E R
C P S F A O D N T U N I S E T N O R S
O H S A L P R E I A N R U J T T S B R
R D L E T A T T P A E G E O O P N P E
D O P O R O N O T A R W A A M N T T T
U J D D D N Z N H A B D S R S P P E S
R O I U A Z R M E S B T D O E T P S P
O S S P A T A E I L D M R R O E E R I
Y P E L S S H A B D S S O E L E S K H
S J A E S D S H O R T S O C T O A R P
R P B N E S T N A P I R P A C S S N L
L C E S R E H S U P L A D E P S R A E
O T T C A R G O P A N T S C S E A D E
```

BELL-BOTTOMS	HIPSTERS
BREECHES	HOT PANTS
CAPRI PANTS	JEANS
CARGO PANTS	JODHPURS
COMBAT TROUSERS	PALAZZO PANTS
CORDUROYS	PEDAL PUSHERS
DENIMS	PLUS FOURS
DRAINPIPES	SHORTS
DUNGAREES	SLACKS
FLANNELS	SWEATPANTS

Birthday Accoutrements

```
R A G U E F B F O A Y S R E N N A B W
E E W K E R S P A L N S I S P R A R T
O C E E E I S E B B P N D R O N A L O
Y E K S B D D G A G C R E C N P A F A
B L A P N I M D S F A S N O P G A D C
M E C E T T G N A C E N S I A E R R P
U B I F M E O E S N E E N B C R S C N
I R L P N B B R T C S G Y S O E S F C
F A C S B E S S I R P D O A B A A R B
T T D I A E Y S S A O A N O L M N E C
S I R G G T U O P O N E W G I T O N R
R O T T L M A E G P P S L L S N I N L
E N A P A B R Y A R S A Y D N M T I L
M R P A S S T H E P A R C E L S A D S
A A D E M P A R T Y D E S N T I R P K
E N S N O O L L A B N A I F T E O F L
R T C P S A T F A W C F I A E N C A E
T B T S E E A A I A U G E A R A E T E
S O A N T E S L R G C R E D R B D S P
```

BADGE	FRIENDS
BALLOONS	GIFTS
BANNERS	GOODY BAG
BOWS	MUSIC
CAKE	PARTY
CARDS	PASS THE PARCEL
CELEBRATION	PRESENTS
DECORATION	RIBBONS
DINNER	STREAMERS
FAMILY	WRAPPING PAPER

Cambridge Colleges

```
N G Y U H N A H Y E E L T L I N W G O
G R T U I I E R R N E K M S R U O S M
G N I N W O D A E E S O J W U N Y C R
D S N G C R L L N M U N H E V S E L H
N V I E V E A R D S E S E I S M E U B
N O R R R D S A L W I C L A M L S J G
I A T A G L R O N D N L K A L R O L S
S D L A E W U H N O E I N I T L C D S
N C M G I D A E T A N U H C N I R E U
K Y N N I M V R N G E C N T U A S K H
L I Q S N A E D S L R H N H W T L O W
D N I C C M C S I U S A A D J A R R D
J L A Y O A N S H A A L E O N S H B S
N S C H I E O C I G S Y H T I U S M H
R U R U E L E L C E A N L O G C M E L
L K S U U N L Y L R S N L D S V O P E
E N Q N G N E W R A D N O S N I B O R
E M E K I N Y U U N M M S S G M R G D
O U G D E N M R T W U N O T R I G N O
```

CHURCHILL
CLARE
DARWIN
DOWNING
EMMANUEL
GIRTON
GONVILLE AND CAIUS
HOMERTON
JESUS
KING'S

LUCY CAVENDISH
MAGDALENE
MURRAY EDWARDS
NEWNHAM
PEMBROKE
QUEENS'
ROBINSON
SELWYN
ST JOHN'S
TRINITY

Overnight Camping

```
B C F V G T T E P T T N I S T T A T N
E A R L M T N E T P O O H E L G N I S
T R A P A S E E P T L E E E L M C L T
K T M R R T T L T N Q L B H K R H P I
A E E M Q G N T B L O T A A O U O M W
T G T T U E R L A D A T T S A E O K T
A E E M E T A T G I L C S N T L I B M
T R N T E C T E A I E O I O T P O T T
A T T M K W A N T B V A E N U P S N E
E T T T A B E N L E E E M T O K E E V
R V E I O W E T R C T R N E A C P T E
C N S L E T G P B R L L N N E O A G R
T O A T E Y O I U R M P D A T E N N M
G N I G P L K Y W O A C T G C T K I A
V B D S E T E N A N T C I L P L A R T
T I E T T R N I O E C B M I M E E U T
R R E N T R A I L E R T E N T M K O E
O N N E E E U E N E A T R I C L D T N
T T N E T L L E B T N E T E M O D O T
```

BELL TENT
BIG TOP
BLACK TENT
CONICAL TENT
CROSSOVER-POLE TENT
DOME TENT
FRAME TENT
KATA
LODGE
MARQUEE

MAT TENT
RIDGE TENT
SINGLE-HOOP TENT
TABERNACLE
TEPEE
TOURING TENT
TRAILER TENT
TUPIK
WIGWAM
YURT

States of the United States

```
N A N A I D N I E E S D Y N K O E R D
V K E N C H G O S E N K T O R E G O N
S E O P O A A I R S E S D C I N N K R
G O R N E T A A P O U N R P E O O I P
C M R M K U W A H A A I P I R T A E O
O P I T O A W S W L L I S T A G N M A
N N I O L N C N Y A S K H S Y N O E N
N M D E L O T R W S G D H K S I Y A O
E N D S N T A O I N A Y A Y R H O E C
C E T O S M T S I K K M L N M S E A N
T O T U S I S M O C N V K A I A E L A
I S E T O I O T U I A T O I N W N S T
C T N H M Y A T N N O K R G N G O S T
U M N D W T N N I C L D A R E S N A W
T K E A A E Y A I A E L W O S M T G S
A L S K K M O O I A A A O E O T A I M
R N S O I I A W A H N W I G T N I L S
S A E T E M A C I R I G O N A N I E R
O Y E A L H R A M O H A L K O S G N M
```

CONNECTICUT	NORTH DAKOTA
DELAWARE	OKLAHOMA
GEORGIA	OREGON
HAWAII	PENNSYLVANIA
INDIANA	SOUTH DAKOTA
IOWA	TENNESSEE
KENTUCKY	UTAH
MARYLAND	VERMONT
MINNESOTA	WASHINGTON
MISSISSIPPI	WYOMING

Creepy-crawlies

```
C R A R W M C C W A S P I T E B E L G
L O T O G S S I E Q I G B T A S B U I
E C C S R L O A U G N S O T I T M B K
I E R K U D B H B A T C E B C A A M I
S N E A R K U R T F I K Q A G M O L A
F T S E A O G K C C C M T G A S S F C
O I B R T G A S I I S E O G Q L L G C
A P T E A I P C R G R T N U E Y T T B
R E N Y O E M C H P H P I L C T C M C
E D S M O E S R I T I T E S L G S C S
D E N R A S P L E C O D M C K A B A M
I R A O D A L E G T M R T A A G T F S
P O I R C A A L T M P Q H A C B H R U
S G L L R R P A S H O A T O D E L D C
A L A D Y B I R D L P T N L H E C O E
I E G K S R W O R M I T H E G R U B T
G R A S S H O P P E R H D R M E N G P
S M O Q M E L M E S R R L O M T K I P
P C E K I M C E I T F A G P P Y E L T
```

BEE	LADYBIRD
BUG	MAGGOT
CATERPILLAR	MOSQUITO
CENTIPEDE	MOTH
COCKROACH	SLUG
CRICKET	SNAIL
FLY	SPIDER
GNAT	TERMITE
GRASSHOPPER	WASP
GRUB	WORM

Chinese Food

```
I  I  P  U  O  S  N  I  F  K  R  A  H  S  T  L  U  G  G
E  O  O  T  N  M  B  U  G  B  D  N  S  C  R  B  G  A  B
A  H  N  O  O  D  L  E  S  O  U  P  O  G  A  E  K  G  L
O  C  S  A  I  P  T  C  U  M  H  N  E  O  Y  B  C  O  A
O  K  L  H  C  U  T  F  H  I  D  I  Z  R  M  H  P  A  C
D  A  U  R  S  O  U  O  I  A  E  I  U  C  O  N  O  U  K
I  P  G  U  W  S  N  N  H  U  R  T  K  W  N  S  P  E  B
M  B  R  O  E  N  G  R  R  N  N  S  M  E  U  N  E  I  E
S  L  S  A  O  A  N  O  U  E  A  E  I  W  E  I  K  E  A
U  C  N  P  Y  E  A  L  C  O  I  U  O  U  O  S  I  A  N
M  I  E  G  U  B  K  I  I  N  S  N  H  O  L  I  N  C  O
I  E  U  N  O  D  E  N  I  K  T  D  D  C  K  O  G  M  B
L  A  A  U  E  E  R  K  A  O  I  S  N  R  I  H  D  S  U
A  B  M  K  F  R  E  I  N  N  I  L  M  A  H  S  U  S  I
B  I  R  D  S  N  E  S  T  S  O  U  P  K  T  O  C  D  U
O  C  I  M  U  O  A  H  E  N  R  M  E  U  I  E  K  A  T
U  O  N  U  I  A  S  U  S  O  I  N  A  H  C  O  E  M  C
H  O  H  N  N  D  E  K  A  C  N  O  O  M  L  S  O  W  R
U  M  A  T  H  G  I  L  E  D  S  A  H  D  D  U  B  T  S
```

BAOZI
BIRD'S-NEST SOUP
BLACK BEAN
BUDDHA'S DELIGHT
CENTURY EGG
CHAR SIU
CHOW MEIN
DIM SUM
DOUFU
HOISIN

KUNG PAO
MOONCAKE
NOODLE SOUP
PAK CHOI
PEKING DUCK
RED BEAN SOUP
SHARK FIN SOUP
SICHUAN HOTPOT
SWEET-AND-SOUR
WONTON

Associated with Scotland

```
H C A O T H N A T R A T A A G T N A N
N A F D S T G C N A G P S C S A O D S
E B P R N O A I S G B T L A C G A R H
O E N H I N T G H H L A S N O S H T M
R R E S H A O S A I N R T T T E G C S
G T W I T N H S K S G P H G T S N L N
O O M E H B U D N A I G S H I R I L A
I S R O R M R L E H G A S I S U C O R
A S S L U D I D S R L T E L H O N C R
L I I E T N N S E N N D P L P C A H O
R N T G D R T A U S A E I I A F D S P
W G F S G I A A T S N M P E R L D A S
C L H O I A R T I N R L G B L O N D D
H L E I R O H B S N I S A R I G A R A
P T E H A G N D E U S A B O A A L N G
H N W H T L U W L H D H S G M N H H L
S D N A L T E H S E A N C U E H G S S
S G C S S D N A L H G I H E N A I S A
G C R E T N A H S O M A T S T P H E G
```

BAGPIPES
CABER TOSSING
CLANS
GHILLIE BROGUES
GOLF COURSES
HAGGIS
HEBRIDES
HIGHLAND DANCING
HIGHLANDS
KILTS

LOCHS
MOUNTAINS
RED HAIR
SAINT ANDREW
SCOTTISH PARLIAMENT
SGIAN DUBH
SHETLANDS
SPORRAN
TAM-O'-SHANTER
TARTAN

Alcoholic Liqueurs

```
A N B C H E R R Y B R A N D Y G D R H
O U M E A R A T O R A S E M R C M R E
M T L S O G P E S A R H R R H I E L N
T L T H U S A O P A L M O E R I L R T
H M A E A H O L E I C C R A N E I R H
S A V E R K M A H A U R H R B Z O R E
C O E I C A A H A U Y D A A A F A D H
R A R U L A M I D H R M R R M U P E T
E R N B E M A A E A D I R O L S O D N
M U A M S L H E M N M A C U H C U H E
E A E A V E R A A M P N E R B V S O M
D U U R G I R R U G R R H R E A S N E
E A I D N U G R R E U E I N N N E A D
C U N G L C U P H G N L N O A D C I E
A A D A N A S T S Y E L I A B E A L M
S V R E R R U E I H L Y A R A R F L E
S N Z I S O M R F P L E M E E H E A R
I D A N S I E O E I E H A N H U A G C
S G I M A R A S C H I N O O L M M A O
```

AMARETTO
AMARULA
AURUM
AVERNA
BAILEY'S
CHERRY BRANDY
CHERRY HEERING
CREME DE CASSIS
CREME DE MENTHE
DRAMBUIE

GALLIANO
GRAND MARNIER
IZARRA
KAHLUA
MARASCHINO
MIRABELLE
POUSSE-CAFE
PRUNELLE
SOUTHERN COMFORT
VAN DER HUM

Chess Grandmasters

```
E C A O B O R I S S P A S S K Y O C N
N H E V N O T N U A T S D R A W O H A
T E R V E E S K E L A Y N E G V E K U
V J O S E P H B L A C K B U R N E T A
L O M A B N N G Y K A G D I R Z I O S
A A T A P K I Z R I M I L I S G S K V
D A I G N R Y H M I N L Q A R E W N I
I L E U K N I G K G Y U T A R R O E K
M I R C N A K H L A E J N G G K H V T
I H C T H C A I N M O P E N N A I O O
R G Y J I I R Y E W E Y A E E I O K R
M I M I L E Z C W T K W B D R S S A K
A R B T N H K A R A O L Y T P R A J O
L E A M N I L O R A A A A E H R A Y R
A L E Y N S S J H P K G E E N L K R C
K K K G O I A H T V R I C I A O E T H
H H D D A K I B A R U B I N S T E I N
O A A N I R O G I H C L I A H K I M O
V R A N A U R A C O N A I B A F J D I
```

AKIBA RUBINSTEIN	ILLYA NYZHNYK
BORIS SPASSKY	JOSEPH BLACKBURNE
DING LIREN	MIKHAIL CHIGORIN
DMITRY JAKOVENKO	MIKHAIL TAL
EVGENY ALEKSEEV	PAL BENKO
FABIANO CARUANA	RADOSLAW WOJTASZEK
HAO WANG	SERGEY KARJAKIN
HENRIQUE MECKING	TIGRAN PETROSIAN
HOWARD STAUNTON	VIKTOR KORCHNOI
IAN NEPOMNIACHTCHI	VLADIMIR MALAKHOV

Herbs and Spices

```
L O L P E L E B P C E B E A T T P A O
E N O G A R R A T S U M A C L S E R O
A O M L E T E B Y M G R L E N N E F R
K M R P C A L L S P I C E A A T M E L
I I A N U U C E R A A G A R L E W L R
R Y E B R L A T U L S N E S G O N C A
P I C N O R Y S O E E I R T L O R S S
A U I V S M U E E Y P Y N F R S S L D
P Y E O E I B A S A W E R F O F L S E
P I M I M N E S O M T E F N H I O O F
C L C C A T S E S I D A A E Y N E O R
R I W E R P Y O F L S G S O O M H Y A
N R O R Y R P R E A E A R L C U U M R
N I N O O C A P E R S D R E C S E C R
R M M C R C E H O I C E E S R T R I F
H N I U A F L R I D N P A D R A A S C
E H A R C I L R A G C H L I R R F R C
C L L P M W H Y S S O P L O M D U L S
B T R N N S P M T R A Y D P N O O G O
```

ALLSPICE	HYSSOP
ALOE	MINT
BETEL	MUSTARD
CAPERS	OREGANO
CHICORY	PAPRIKA
CLOVE	ROSEMARY
CUMIN	SAFFRON
ELDERFLOWER	SUMAC
FENNEL	TARRAGON
GARLIC	WASABI

Just a Dream

```
H  E  N  N  N  N  T  E  I  T  U  S  E  N  V  I  A  N  T
T  N  I  N  O  V  O  T  P  T  R  I  E  H  I  M  T  A  S
N  W  U  O  E  I  R  I  C  O  O  L  A  I  S  A  N  R  T
C  T  R  N  A  T  T  D  T  U  H  L  C  D  I  E  O  A  O
A  Y  I  I  O  V  L  A  E  A  L  I  I  A  O  R  I  A  L
I  I  S  T  A  I  G  D  T  U  N  N  I  I  N  D  S  N  I
R  I  E  A  E  E  T  I  C  C  A  I  I  V  D  E  U  O  R
O  L  I  S  T  T  H  I  E  Y  E  D  G  S  I  P  L  I  M
G  N  D  I  T  N  N  T  B  M  V  P  I  A  M  I  E  T  A
A  A  O  N  O  A  A  X  N  M  S  A  X  O  M  P  D  A  E
M  H  L  I  T  H  I  F  X  I  A  E  I  E  S  I  D  R  R
S  I  N  I  T  I  L  L  U  O  S  D  L  A  R  T  U  I  D
A  E  O  O  I  A  V  A  L  I  R  E  V  E  R  I  E  P  Y
T  N  R  D  A  E  L  R  O  U  M  I  L  M  U  N  N  S  A
N  N  H  I  L  N  C  U  X  G  S  L  A  T  C  P  U  A  D
A  A  I  L  E  A  A  H  C  F  U  I  O  H  S  V  A  W  P
H  O  A  I  G  C  E  I  U  E  E  N  O  N  S  A  I  L  E
P  A  I  I  L  T  N  D  P  A  P  I  S  N  E  S  C  A  I
N  H  T  R  A  N  C  E  I  P  D  S  X  M  H  I  O  T  A
```

AMBITION	IDEAL
ASPIRATION	ILLUSION
CASTLES IN THE AIR	IMAGINATION
DAYDREAM	PHANTASMAGORIA
DELUSION	PIPE DREAM
EXPECTATION	REVERIE
FANTASY	SPECULATION
GOAL	TRANCE
HALLUCINATION	VISION
HOPE	WISH

Getting Good

```
P Y E K L T Y E P B R Y M E C F C P I
E C H N R T C N G C F S O E L I K A V
E S N A T I N E R O I M A E E S O T T
C S N C O N E N L M N A T S V R A L P
N S I K C S I F C P E T E N E E Y R T
E E F A P F C S K E S C N S R T O R N
I N R A C C I P L T S U A O N F C N L
R L C M U C F U I E E F E F E T G O M
E U S L E N O P L N C C I S S R R O T
P F R S I F R M E C N F S F S A T T F
X L S E S S P U P E E I N S T I E A P
E I L S F E Q M G L O E A E A N C Y F
N K N M E I N I A N I T D B T I C E T
L S S S N N L T A S Y S I U L N R O N
E E R H K L T L P L T L H I T G N I E
E R C A E I I F E E I E T M I I E C L
N E D T E S A N E T D Y R R E D T C A
T I N N M C S C Y D M A E Y A N S P T
C I T N E Y C N E I C I F F E E T S A
```

ABILITY
ACCOMPLISHMENT
ADEPTNESS
APTITUDE
CLEVERNESS
COMPETENCE
DEFTNESS
EFFICIENCY
EXPERIENCE
FACILITY

FINESSE
INTELLIGENCE
KNACK
MASTERY
PROFESSIONALISM
PROFICIENCY
SKILFULNESS
TALENT
TECHNIQUE
TRAINING

Shrubs

```
B Y F Y V I L S P I R A E A I S B F M
R I S L A S B N R O H T E R I F E A O
E R R B O W E Y D H W P E N R O S E R
I S E U A W I N O R D N E D O D O H R
N U N D V C E N M U N R U B A L U M Y
A E L D O M E R L Y A O O A L A K I E
O E O L L L I E I E O L W N U I R J A
A L S E J E A N P N B I E O E I L A F
E I G I E A A R E A G F C G E W E P L
I A A A R H S L E A I C U J I D H O E
M N V I O E O M U E E H U C E E I N F
R U N E Y R B H I R E D P R H I W I L
E H W F U R N R O N L E W Y R S Y C H
H O A M O F R I E B E P B C R A I A O
T L E L E L H A S B E N I E L C N A H
A L W I A L U E N R A A R J H U U T F
E Y T L E L K C U S Y E N O H I A E G
H H R A A H D H C E H A D O O W H I E
E H L C P I H R D D O G W O O D F H R
```

BERBERIS	HONEYSUCKLE
BUDDLEIA	IVY
DOGWOOD	JAPONICA
EUCRYPHIA	JASMINE
FIRETHORN	LABURNUM
FLOWERING CURRANT	LILAC
FUCHSIA	RHODODENDRON
HEATHER	ROSE
HEBE	SPIRAEA
HOLLY	WEIGELA

Arts and Crafts

```
L L H T A T C L O I S O N N E R I S A
T W L L L N E G P O R T R A I T U R E
L P K R O W L A T E M Y R T S E P A T
E T I G R Y H N T O G O R I G A M I Y
I I I V L L I T H O G R A P H Y R H P
V M L T Y R E D I O R B M E N R P N A
L E A N G R A P H I C S A T N A M D E
G N I V R A C D O O W P W L R V E S I
P M R O E O L R A G H P M G A T T E C
G L A P N R A A N O A R I E C A I C I
N R D M C A L I T E G L R H I I N G R
I S M I Y E L O T N L U I N L L A E G
T T O H K L G E I A T N E G U O A T N
T E M G E R A V C P G D S O I R R G I
I H I D A U A I L D G O I N G M A A V
N U O P G R M U T L T R P G A E G W A
K M H G G A C C A R I C A T U R E T E
H Y N N R S I S A I O S M E S H E R W
A O E C N G S Y E N A M E L L I N G E
```

CALLIGRAPHY
CARICATURE
CLOISONNE
EMBROIDERY
ENAMELLING
ENGRAVING
ETCHING
GRAPHICS
KNITTING
LITHOGRAPHY

METALWORK
MODELLING
ORIGAMI
PHOTOGRAPHY
PORTRAITURE
SCULPTURE
STAINED GLASS
TAPESTRY
WEAVING
WOODCARVING

Fencing Terms

```
T N L A B T E M E E E P P U P R E S S
F E N Y A I E I H S U R S I E S L S E
E A P P T S R C I R I I N S E N N B S
R S B A C U E O E P T M B D B I I A H
E S L Q S L S L U T I E E E S Q E L D
I C A A F S T C G S S P N R L S C E U
A L E G S I E S P E C G R S O A U S D
E A G C Q Q E E L L A S O G E L T T E
P U O R O U U I E R S R S U R U E R S
I F P O E I E A D I I E E U T T A A R
U N R S F N E E C N S R D M L E U E R
N E E S E T T G A M L I I R E E L E E
U N I O L E E U T A I C L T S N G P S
M J Y V C S E A L S O A G J N N Q A E
E E U E R E E R I D F S I O U I T N S
F E R R S S E D U L R S Q L S R E A L
E C S S Y L A E C S E O N I E R S F R
R Q S I M P L E I E T T O F S P E N E
C T E R B A S U U U A L P N E I B T T
```

BALESTRA	LUNGE
CROSS OVER	PASSE
CUT	PRESS
EN GARDE	QUINTE
FEINT	REMISE
FLECHE	RICASSO
FOIL	SABRE
GLIDE	SALLE
GUARD	SALUTE
JURY	SIMPLE

139

Water and Wading Birds

```
I  S  O  E  W  O  O  D  C  O  C  K  D  A  I  W  L  P  L
U  T  O  K  U  A  L  B  A  T  R  O  S  S  I  W  L  I  N
C  S  S  N  N  A  N  I  T  O  N  I  O  W  O  R  I  L  I
L  A  G  T  G  N  G  O  L  I  C  F  B  Y  P  C  B  N  F
B  O  G  O  I  G  N  O  S  C  W  L  S  E  R  K  N  C  F
N  T  R  M  N  L  C  C  K  A  R  T  E  C  N  N  O  L  U
O  P  E  E  T  A  T  R  A  R  E  W  E  A  I  I  O  O  P
R  E  B  L  E  A  W  O  A  R  I  L  H  Y  R  E  P  R  L
E  E  E  L  C  O  K  O  C  T  O  S  R  I  E  I  S  N  W
H  V  O  I  O  B  E  A  F  G  N  O  E  O  M  I  W  L  I
U  H  N  U  V  N  T  A  U  E  O  L  H  L  H  B  R  U  I
S  K  A  G  A  C  P  C  E  W  O  V  S  R  L  L  R  K  L
T  M  F  R  H  W  L  R  E  G  C  N  I  C  U  R  L  E  W
E  A  C  E  L  L  G  S  N  I  N  O  F  G  F  F  U  A  L
O  I  R  L  M  E  T  I  N  E  I  T  G  N  G  T  E  A  L
R  E  V  O  L  P  W  E  L  P  L  T  N  L  D  S  E  N  F
W  I  E  E  I  P  E  V  R  I  N  I  I  O  E  S  T  L  E
O  O  N  H  A  E  U  T  R  L  U  G  K  N  B  I  O  G  I
R  O  E  L  C  I  T  R  E  L  D  D  G  W  C  W  L  T  E
```

ALBATROSS	LAPWING
AVOCET	OYSTERCATCHER
CRANE	PEEWIT
CURLEW	PLOVER
DUNLIN	PUFFIN
GREBE	SPOONBILL
GREENSHANK	STILT
GUILLEMOT	TEAL
HERON	WHIMBREL
KINGFISHER	WOODCOCK

Shades of White

```
W U D N E H W O L T Q M L V H O H D A
E L R A E P D E E S L I A O S H A E T
E E A K I N L E S E A S H E L L A G E
V B R B E I G E D T E O E W B E H G C
N F E A A E E A N P E T U E U K A S I
C K D G P A W O I D Q O E E E G L H A
M L W T I N T W E L U N E A T P L E L
Q I O I I T U H T A O T E U I N I L A
B S P O O G E A I B I N C A A S N L N
A N Y C R N Y I H H G E G H N E A O E
I R B O O R W N W C R W G A W H V D E
R O A U O I E T E L E E H E M H L L E
I C B V S T S E U T L W N U L I I A I
N Y I E L O D I Q T E L O E S C E T I
B I J W H T E N I K W E A N W N G H E
N O O G O U E J T E O E L A S A T X H
R X A L F A L W N V N E C R U R T L L
S O L D L A C E A C H A M P A G N E E
L G V R D U V V N A V A J O W H I T E
```

ANTIQUE WHITE	FLAX
BABY POWDER	GHOST WHITE
BEIGE	IVORY
BONE	MAGNOLIA
CHAMPAGNE	NAVAJO WHITE
CORNSILK	OLD LACE
COTTONTAIL	SEASHELL
DUTCH WHITE	SEED PEARL
ECRU	SNOW
EGGSHELL	VANILLA

Hurry It Along

```
D U S P T B P E U O A G P S H O V E T
T S U R H T N G R S T P P U G R I U M
P H P I U H C N U P E A G S S P E C E
O E O I K D C T O G T S U T S H G O O
D G K S B S B O G H B D T I U S J U P
C P E P G P H O G H U D O C L T O C S
S D T N B L N P U P T T I K U H P S P
H M C N U T H T T P U B P A M O I O K
U S T B I D O O T G P O U E I E E O A
M C P G G N G P U E D U R P T T T O T
T T M V R M S E B P T O U E S A P S B
A P S K D U E E G A R U O C N E M P A
G S T D T K H T O D N O T P K T O R J
M A E E A E G R U E E O O O H P R U T
V A O O D O O P O B U T C G T B P E P
U E G C U S I T T U E H A G G G A R T
U U G I O C O E O G O A D O O J O T L
G P V I K A R D E T D K K E A D G P S
K P U B O S T O M P U U L A T I A O T
```

BUTT	PROMPT
EGG ON	PUNCH
ENCOURAGE	PUSH
GOAD	SHOVE
JAB	STAB
NUDGE	STICK
PICK	STIMULUS
POKE	TAP
POTE	THRUST
PROD	URGE

Bridges

```
L G R I L S U S P E N S I O N O R R R
K T N O R N P I G E C N R D N Y O A A
I C G I A E A R G D W U N G E D A I E
T U A B Y N V S D B O B C G H T N L D
O D S B T L S O A A R N D A E T C W R
I E E R P A F I Y E T I Y F G O E A C
L U I E P M L O V L R B R N A G L Y A
D Q O R N E U E C B F E P E G A U R R
R A E M Y E L H T E D L G E Y E E H B
S V I O A I B O T R L V G E R G N I Y
O L B Y T I O K I P V D O S N S D A U
E S B N V F I G T Y I G E S R Q I A R
V A A E R M U A R R I I L L O T G S A
N C P F N T I S B E G D I R B W A R D
U O A O O O L R L E I E O V L P S T E
R I W R S R E E E E O N T R B I P O G
I O L S D V A D E Y A T S E L B A C L
S A N E O D T G N I W S B O N L E A O
N O O T N O P R A R C H L E R A Q I O
```

AQUEDUCT	HUMPBACK
ARCH	LOG
BAILEY	OVERBRIDGE
CABLE-STAYED	OVERPASS
CANTILEVER	PONTOON
DRAWBRIDGE	RAILWAY
FLYING	ROPE
FLYOVER	SUSPENSION
FOOTBRIDGE	SWING
GIRDER	TOLL

Don't Forget Your Ticket

```
A  I  I  O  G  T  C  T  N  L  L  N  C  R  D  R  C  S  T
S  T  R  F  Y  N  I  E  G  T  G  E  E  N  W  P  U  T  E
I  S  I  P  I  W  C  K  N  C  C  T  U  S  I  T  R  P  I
E  E  R  I  T  A  W  C  S  K  O  O  T  C  I  D  P  I  I
C  U  I  Y  R  P  G  I  U  L  R  O  I  T  G  U  F  N  E
N  A  I  H  R  T  A  R  E  G  O  I  I  Y  I  M  R  I  R
A  Y  M  P  Y  U  C  C  R  N  K  B  R  N  S  M  E  C  T
D  R  I  A  R  S  T  I  P  Y  T  E  O  K  C  R  N  T  A
I  E  C  R  R  N  A  C  B  R  T  R  R  P  Y  A  E  E  E
E  N  E  A  E  F  C  G  E  T  E  O  A  E  E  I  I  K  H
Y  A  S  C  F  N  U  E  O  E  W  M  R  M  A  N  P  T  T
E  Y  K  A  T  R  N  L  G  E  N  O  I  Y  F  E  I  D  R
P  Y  A  A  L  N  E  I  R  P  C  A  Y  E  T  C  N  N  S
L  A  T  T  A  T  M  I  A  R  Y  A  L  E  R  R  E  N  G
A  T  I  E  C  M  F  N  P  R  A  U  P  P  I  E  A  R  A
Y  G  N  N  I  C  O  E  R  S  T  M  I  I  O  O  R  P  N
I  T  G  N  S  E  E  U  I  E  G  A  U  R  S  R  M  E  A
R  R  C  I  U  R  E  A  A  S  I  E  G  E  N  R  E  E  T
S  T  M  S  M  I  E  R  M  E  G  R  P  H  A  I  N  A  E
```

AEROPLANE	MUSICAL
CRICKET	OPENING
CRUISE	PARTY
DANCE	PLAY
FAIRGROUND	PREMIERE
FERRY	RUGBY
FIREWORKS	TENNIS
GIG	THEATRE
ICE SKATING	TRAIN
LOTTERY	TRAM

The Holiday Season

```
I  S  I  P  A  E  A  D  X  E  T  T  A  I  T  E  T  T  P
A  M  A  U  T  N  V  O  N  C  E  S  N  S  N  U  T  C  T
E  N  U  D  I  L  C  S  M  N  I  M  O  A  H  R  E  R  S
L  N  A  D  S  T  S  S  S  S  T  O  C  K  I  N  G  S  L
D  R  N  I  A  A  K  T  N  N  K  E  S  C  S  T  A  A  S
P  N  G  N  E  P  D  O  A  S  A  R  N  N  R  P  N  L  D
E  A  E  G  L  L  R  N  X  R  E  O  U  A  E  O  T  T  E
O  I  L  R  C  S  V  E  E  C  S  K  T  L  K  H  H  T  S
E  H  C  R  U  H  C  E  S  A  N  T  A  D  C  S  A  C  R
S  Y  S  F  U  S  T  D  S  E  P  E  E  O  A  I  C  L  E
M  S  O  S  A  D  N  S  N  I  N  C  C  S  R  M  S  L  L
R  T  R  R  S  M  L  O  K  T  O  T  N  S  C  L  E  O  N
H  I  X  R  T  E  I  E  W  R  A  A  S  X  R  P  I  L  T
R  N  K  M  S  P  A  L  A  M  S  E  I  T  R  A  P  R  T
S  S  S  N  A  K  A  T  Y  E  R  E  U  O  U  A  E  C  E
E  D  I  O  C  S  I  V  E  L  C  E  L  P  S  E  M  K  W
O  T  R  H  G  O  I  T  C  E  S  M  C  A  M  T  A  R  P
E  L  C  A  N  P  C  P  U  A  E  E  E  W  C  C  N  C  T
S  C  E  S  C  S  S  I  C  L  E  M  E  N  T  I  N  E  S
```

ANGEL	PARTIES
CAKE	PRESENTS
CARDS	PUDDING
CHURCH	SANTA
CLEMENTINES	SNOW
CRACKERS	STARS
DECORATIONS	STOCKINGS
ELVES	TINSEL
FAMILY	TREE
NOEL	XMAS

Types of Rodent

```
U H E E I G I A K G C R P O E L P R O
I A I R R P E H F E R R E T N P P G G
I U A R B A R R T L N O O E R R I I C
I T A G V G H I U I P H L L P I T A H
O O T O P O R C U P I N E E R C D O E
E S N T P L R R F N L N G N M G O A C
G O D E I R I A R P D U E N B M C L E
T O O C I D N A B W I I W H H G I O T
D R V R R G I A I N O Y L R O C R N C
M U A O E O I I E G C O B H D R E U G
A Q E R B R L A W H M I D A C G H N R
R E B V C A P E I O E N I C L C L N A
P I O G G I N N U N U H A E H O T R B
L P E A G G C S R O T M R A O U G E B
V O L E O H E U R E E R K N P E C R I
O M E P I H R G E E I I E C A V Y K T
O U H L B I A I C U P M O V I I E V D
E E L P E O U C Q I Q B E A V E R R R
R A V I U B R S T E C E O A W B R P E
```

BANDICOOT
BEAVER
CAVY
CHINCHILLA
FERRET
GERBIL
GOPHER
GROUNDHOG
GUINEA PIG
HARE

LEMMING
MOUSE
PIKA
PORCUPINE
PRAIRIE DOG
RABBIT
RAT
SQUIRREL
VOLE
WOODCHUCK

Classification

```
I  N  D  A  E  U  G  A  G  R  T  O  F  D  D  T  C  S  C
O  N  I  N  E  E  R  R  O  O  E  P  R  Y  A  D  T  E  T
A  O  D  I  N  A  T  U  G  C  S  Y  T  D  T  E  T  D  N
E  I  S  U  N  N  G  R  H  Q  E  I  S  C  E  C  I  G  F
A  T  S  Y  Y  C  A  D  T  I  S  E  I  N  N  R  T  I  N
E  A  E  K  R  D  I  S  E  D  E  U  G  A  E  L  C  E  O
O  C  I  E  E  O  A  G  A  P  S  A  A  L  I  S  C  N  I
T  I  S  I  R  A  G  N  N  R  A  E  N  T  E  D  A  G  S
Y  F  A  R  U  R  Q  E  S  C  T  R  D  A  Y  T  S  S  I
G  I  S  E  R  E  C  P  T  O  U  N  T  E  A  P  T  N  V
C  S  A  D  S  D  H  S  R  A  I  E  I  M  I  E  E  C  I
G  S  A  D  Q  E  P  R  Q  K  C  A  E  E  E  C  E  A  D
N  A  N  I  R  U  I  L  U  A  R  A  N  K  T  N  Q  T  P
R  L  S  E  P  A  A  C  R  P  A  I  C  G  N  A  T  I  U
S  C  E  N  S  S  E  L  E  E  Y  S  N  O  I  T  C  E  S
T  Y  E  S  N  I  A  I  I  P  R  K  T  C  A  G  U  G  K
U  A  T  G  C  L  R  P  N  T  S  N  A  R  S  D  T  P  R
S  U  T  A  T  S  T  Y  G  A  Y  Y  E  P  E  A  S  M  T
A  G  S  T  Y  L  E  R  A  G  S  D  E  G  E  R  O  C  R
```

CASTE	ORDER
CATEGORY	QUALITY
CLASSIFICATION	RANK
DEPARTMENT	SECTION
DIVISION	SET
GENRE	SPECIES
GENUS	SPHERE
GRADE	STATUS
KIND	STYLE
LEAGUE	TYPE

147

Shopping Trip

```
O C E H R T A I L O R P S B R E S O O
D O R G E H E T T O Y S H O P E D R T
T R E K A B M F G O C E D R F S S S S
E M O H A B E R D A S H E R T S C C D
M C D I T S E C T P A N P E P H H N E
N R T B S R E A R M O S K O E A E W G
O O H E O O G T O I I R H M R W T S R
P I S E R G O D T T A S I I S H R A E
O P T E H S K C A M T S T A E W E M E
H H T R P T E P O E T Y G E O C T H N
S E E O C F E T E I S E R T A A P S G
R I N P N T H W N H N D E H E T N C R
E O T O S T S A O T C I B C B H C P O
N E C H O C O P D E P A R T M E N T C
R T O B A C C O N I S T T H O R G Y E
O P G R E E K C T T S T A T I O N E R
C A R T R N E S S E T A C I L E D C E
M B F I S H M O N G E R R R O H E O S
U S G N B U T C H E R B O O K S H O P
```

BAKER
BOOKSHOP
BUTCHER
CHARITY SHOP
CHEMIST
CONFECTIONER
CORNER SHOP
DELICATESSEN
DEPARTMENT
FISHMONGER

GREENGROCER
HABERDASHER
MARKET
NEWSAGENT
PET SHOP
STATIONER
SWEET SHOP
TAILOR
TOBACCONIST
TOYSHOP

Los Angeles Metro Rail Stations

```
C R O T U N L R I S L O E R I O D U E
C H I N A T O W N N A D O C I P S S N
C A P F O W V N M A N E A O W E T M I
R E S W O B A E W I L O T E I L G A V
L R I R T C V W R G L T S S A A O R D
N T L Y S I A A I M O L L K N D C A O
N O G A A I O Y A L O E E V F M I V O
O A D A I W P P A N L N C N O R N I W
A H A N G S E A I S O O T N E A N L Y
L D E D U N E E A E O T W A E F L L L
L L O I T G S T R R O P G S T R V A L
E T D U L O E N R F U S I N T H O G O
N A N A G F U S A A R L L R I R E L H
D T D O O L U L L E D O S A A H E N F
T W N A H A A Y N E A D B A U M S E S
F N O I T A T S N O I N U R W S L A T
I G R M A E O H N N A C N A A W O F W
L M C I T N A L T A V L N G O H T N F
C A I N D I A N A I A M C N O O H A E
```

ALLEN
ARTESIA
ATLANTIC
CHINATOWN
DOUGLAS
EL SEGUNDO
FARMDALE
FLORENCE
HARBOR FREEWAY
HOLLYWOOD VINE

INDIANA
LAKE
MARAVILLA
MARIPOSA
PICO
SLAUSON
UNION STATION
VERMONT ATHENS
WASHINGTON
WILLOW STREET

British Universities

```
L O N H N O H S T N O L C O B R E E O
O A O P A A H I E G C O D A U O T G A
A D F E A S T A N G L I A D F E N B H
H F I H A I U E L O T S I R B I A T G
D R L E N R O F I T U F P G D E B O L
S O U T H A M P T O N I P A O C T O N
L P R P R N S G O E S R E S O R U M D
A E W E U E T S O G A R H E O G A U D
O E O D O H R A D D R E G F H H O D D
R O G I X U O E N T F D T B G L L L D
E G S N F E P O F F I N O N L O E E R
H R A B O B S O I R O R I A I F N E O
E R L U R G O E B M O T B F N R U N F
R S G R D A L M E U T E I F C S R F D
S T O G C D A D G O R E I O O E B A A
F R O H I C N H N D D R O F L B B S R
U C L U O G R D E O D M F R N U D O B
S D N A M R U E E E D N U D T R T L O
G S H O H O N D C A R D I F F E O F H
```

ABERDEEN	GLASGOW
BRADFORD	LINCOLN
BRISTOL	LOUGHBOROUGH
BRUNEL	NOTTINGHAM
CAMBRIDGE	OXFORD
CARDIFF	PORTSMOUTH
DE MONTFORT	READING
DUNDEE	SHEFFIELD
EAST ANGLIA	SOUTHAMPTON
EDINBURGH	UCL

Car Mechanic

```
O B N M R L A R R O T A I D A R B F P
S U T I M I N G P U L L E Y A T T C N
T I C C A R B U R E T T O R E C O T S
T P R E P C S L E H R P L K Y N C L T
I I E L N O I O B O D F S L N A U E I
E T T I A O R A T T A A I E M R I B M
R I L M T A I O E N G N C S L L V E I
O N I U I G R T B R D T H S A F N V N
T L F L T A N E I E I A T E I D N I G
O E R L R G L A R N F G S R R N T R B
M T I M N T T B G T G L I M U A A D E
R M A B D M L R E B I I E A T M N T L
E A E I T O O R U O A L D S O N F E T
T N T U C D I G N I T I O N C O I L M
R I A K C R S A T I M M A U A I A M L
A F S D I C I U M R R U O E E L L N F
T O M T I D I P M E L O F O N G E T H
S L N R R O N N H P H T D T A L O U A
E D M I N L E T V A L V E L T N H I F
```

AIR FILTER
CAMSHAFT
CARBURETTOR
CONNECTING ROD
CYLINDER BLOCK
DRIVE BELT
FAN BELT
FUEL AND IGNITION ECU
GASKET
IGNITION COIL

INLET MANIFOLD
INLET VALVE
OIL SEAL
RADIATOR
ROTOR ARM
STARTER MOTOR
SUMP
THERMOSTAT
TIMING BELT
TIMING PULLEY

Prime Ministers

```
E A N T N H D E R J N E B A L A N O O
B N L M A H T L M R N D U U O M R N N
L B E B M N C T A O F H T O U O N T B
D R L D R W L H C N H B A L F O U R G
B M O F E O R A I L O S H A O E O R A
O M B C N R M T O A A D A L H E A T H
N A C E N B B C E A H S C L A A U A A
A C L G A N R H D N I A Q A G H E B N
R M B R B C F E N B O L L U M U O H A
L I M O L H U R W N L T I D I F O E T
A L A E L A C C Y R A W S E A T I D T
W L M G E M H H A R R W I D L N H R L
D A U D B B U A R L T E J L A A S W E
T N N Y P E R R B O L B N H S L N M E
C C C O M R C S L L J A C C Q O G Y N
L B C L A L H A A M L A G W R R N L A
L A L L C A I C I O C O M H R E A Y U
L C C I C I L R R O O A O L A M L R I
A M D C T N L D L D L E I C L N U H L
```

ASQUITH
ATTLEE
BALFOUR
BLAIR
BONAR LAW
BROWN
CALLAGHAN
CAMPBELL-BANNERMAN
CHAMBERLAIN
CHURCHILL

DOUGLAS-HOME
EDEN
GLADSTONE
HEATH
LLOYD GEORGE
MACDONALD
MACMILLAN
MAJOR
THATCHER
WILSON

Waterfalls

```
T I S H E Y C O L O N I A L C R E E K
K N E S S O F U N N I V N N C U O Y B
J O H T P E N H U A L I H I A W V A S
E A F T A D N A L R E H T U S A I T M
L I V A L I F W L U O N U E L W C N A
F M L A A B K L T A N K N L L A T S T
O O R I O R N P R U O N I R R L O V G
S N O O E O E T L A G B U A G V R A W
S G I N G W E G K I M E T E U A I I S
E E N R U N F U A U T A L A S U A D L
N F I N L E U O Y E C V G A A I E V U
M O A I L P U S I A Y R I C S T I L S
S S N U F O E A T D U O Y C T L O L S
O S G F O O K C L E O U S I E U O O R
N E E I S L O L L M T N F E O L T O O
N N L T S G C R T F S O E E M G R S U
I J S Y A S O E O O S I U Y D I O I L
S T R U P E N F O S S E N A C L T S T
S N I A G A R A W F K I E Y L T I E A
```

ANGEL
BROWNE
COLONIAL CREEK
DETTIFOSS
GOCTA CATARACTS
GULLFOSS
KAIETEUR
KJELFOSSEN
MONGEFOSSEN
NIAGARA

PLITVICE
PU'UKA'OKU
STRUPENFOSSEN
SUTHERLAND
TUGELA
VICTORIA
VINNUFOSSEN
WAIHILAU
YOSEMITE
YUMBILLA

Background Sound

```
M O N A E E C O U K C O N K U R R O Q
C D S E L M R R C A C C H T L N I I L E
E Q K H M U B H C B S B E H O U R O K
C R E S M I O R L S L R H U O T M I H
B C B B R C H I I R A C E D T M U I R
E N L R C R C C N L M H L R S L S K S
L E N T U K S W K R C C O A K R I E A
L U L H L M O R A M C E I U E L C U R
I U E M N S I L W N O E A A I C T E C
K A E R C E A A B T U R H S A R C L O
E W C A R M R C W M E C W H I S T L E
D T A C E A U I C B A S S R O S M O O
A L K D A A E A S E E S U A L P P A C
O R A R N R E R I S W L R N N K A B K
S U S E A I E S D N M A B M K E Q H D
S A B C U T W H K O A C E K K E O C A
L C K H L Q R R K R T S K U M O O B R
I E R K L B S W N E C H B M C S E L H
T A E O O R A R L R L C U C T B O C L
```

ALARM	MUSIC
APPLAUSE	RACKET
BASS	RUMBLE
BELL	SCREECH
BOOM	SIREN
CHIME	SNORE
CLINK	SQUEAL
CRASH	THUD
CREAK	WHISTLE
KNOCK	WIND

Try to Get Your Own Way

```
G W S W O P O N U G P I M A R O O A A
E S P E F T W F N M C A O E H F A C W
L T A T S A K O W T O W D W O H U H T
O H O R F O U F M N U H R R G R E O F
S E S E N N O E T C R U A O R E F N O
T E T S F E S F O T T E E Y D D W C S
U L F N T E R U S I E I F L S U O S E
E W O Y L E Z W C H O A E Y T S L C S
S E S S R E E I T K V M C H Y E E O I
B T L W E E N E G O U O I U I T L M A
E U S A T I L N U O P P P U A I O P R
W E T T Y K U R A H L C T L I U D L P
U T A T C I W A A L H U U O R R A I E
B L R I E I T N I T F D E O N E H M H
K S T R T R T O O M A I F T U G F E T
R E F H O I U Y N C T P S O P S P N G
H G O C Z B O P O K T H U M O U R T N
C F H E E D V T R H T L W S D K E W I
S T R O K E S O M E O N E S E G O M S
```

ADULATE	KOWTOW
BUTTER UP	LAY IT ON
COMPLIMENT	SING THE PRAISES OF
COSY UP	SOFT SOAP
COURT	STROKE SOMEONE'S EGO
CURRY FAVOUR WITH	SUCK UP TO
EULOGIZE	SWEET TALK
FAWN	SYCOPHANTIZE
FLANNEL	TICKLE THE EAR OF
HUMOUR	WHEEDLE

White House Chiefs of Staff

```
O O N X E U P M U E H O D L M C M C D
T I A P S O M U J A T E S R O T D J H
K U D J S E N O J S E M A J N I W R L
D D R N N T L U R E K A B S E M A J D
Y L O D A S W W A E J E J S T S A B E
R E J J O H N P O D E S T A L L T Y L
G F N O D N K R S B R L L M O D T E L
J S O E H I A A I E E E D U B R E L A
H M T L H N P L K E X N P E A A N A D
H U L D N C H A D A D E I L U C A D E
T R I Y D E B S N R T K C K H W P M D
L D M H W D D D U E E M B S S E N M A
E L A D R E E I R N S G R K O R O A E
H A H A E R L O A A U R A I J D E I T
S N W L H N U B M K H N D N D N L L R
A O L A R S H O O L S C U N N A H L L
H D I T E E H N W C E R I E U A N I L
S G N O S T A W K C A J E R U L E W C
R I J E N D M N C O S J T N P C C S O
```

ALEXANDER HAIG	JAMES JONES
ANDREW CARD	JOHN H SUNUNU
DONALD REGAN	JOHN PODESTA
DONALD RUMSFELD	JOSHUA BOLTEN
ERSKINE BOWLES	LEON PANETTA
HAMILTON JORDAN	PETE ROUSE
HOWARD BAKER	RICHARD B CHENEY
JACK WATSON	SAMUEL K SKINNER
JACOB LEW	THOMAS MCLARTY
JAMES BAKER	WILLIAM M DALEY

Madonna Albums

```
R D I E U T H G I L F O Y A R I S I N
R E B E L H E A R T E B C E C M S A G
M T B I L T V E R H Y D N A C D R A H
I I D M B R E A W E E C C A H R E N V
T S M A E U O E S S E S H U A V Y E T
D I R D C M O R F E D N O H I R A D W
E V C O N F E S S I O N S T O U R R O
R E O N A A U R N R L R A R S A P U R
D R I N D M L L O O R N N Y S X D E N
A D O A N T B I O T I T A I K A E O E
A N B S A R E K K S G T R C T C X S R
H A S R C P U E M E T N A T I E I N O
I D I O U M R A I M A T I R L R M T V
A E F K O S T V I I H P A H B O E O S
E X F I Y N M I G T T N R I T E R M M
N I H M V E L R O D S D A A B E L S A
E M V Y T B A G N E O C C D Y S M E K
T E V I S E K I R B H E E T O E D O C
A R O S N E R N M O W E O O R R R R S
```

AMERICAN LIFE	MDNA
BEDTIME STORIES	RAY OF LIGHT
CELEBRATION	REBEL HEART
CONFESSIONS TOUR	REMIXED AND REVISITED
EVITA	REMIXED PRAYERS
GHV TWO	SOMETHING TO REMEMBER
HARD CANDY	STICKY AND SWEET
LIKE A PRAYER	TRUE BLUE
LIKE A VIRGIN	WHO'S THAT GIRL
MADONNA	YOU CAN DANCE

Famous Children's Books

```
G N Z G R E E N E G G S A N D H A M W
P E H O O P E H T E I N N I W B E I H
C H A R L O T T E S W E B G K E Z E T
F A M O U S F I V E E I O E D A E N H
N N D N Y N E F E E P M A H R R A E E
S F O L A A M F O W D D G D T P C E B
M T O R I G A T A N I W O Y R S C T F
S N N G G T M M A A O F A E E A W P G
U I A A C D A G E R O W T G U N A I N
A R M B S D E M T Z A E T H L O F O H
C E E D I M R A E R P R G E M R M E N
E N I G N E K N A T E H T S A M O H T
D G M T G B R F N E V E S T E R C E S
S M A G G H C G I D I E H I F N D N T
B M O S G I F T I B B O H E H T I O N
R D E J G I R M M A W E B T T G C P N
T R E A S U R E I S L A N D R B B G D
W L M D J U N G L E B O O K R F O E T
T S U G A M A R Y P O P P I N S M G T
```

CHARLOTTE'S WEB
DOGGER
FAMOUS FIVE
GREEN EGGS AND HAM
HEIDI
JUNGLE BOOK
MAGIC FARAWAY TREE
MARY POPPINS
MATILDA
MEG AND MOG

MR MEN
NARNIA
PETER PAN
SECRET SEVEN
THE BFG
THE HOBBIT
THOMAS THE TANK ENGINE
TREASURE ISLAND
WINNIE-THE-POOH
WIZARD OF OZ

Halloween

```
B  L  O  T  O  R  K  E  F  E  S  P  M  C  D  B  U  A  O
P  S  T  F  S  S  S  W  R  T  N  E  S  S  I  L  C  D
A  U  I  K  C  S  I  I  E  C  B  L  A  W  D  A  L  T  S
B  S  M  G  T  A  O  T  I  O  G  P  M  F  N  R  N  T  L
B  S  T  P  L  E  S  N  I  E  P  E  S  T  F  E  S  C  S
C  E  D  R  K  N  I  T  I  L  K  E  E  A  M  O  W  K  R
N  S  N  R  O  I  E  E  E  C  H  R  N  T  H  O  S  N  S
S  C  S  M  G  Y  N  B  I  C  N  C  N  G  C  E  T  B  T
T  B  C  A  T  S  O  T  T  S  Y  A  T  T  L  I  R  S  O
I  C  C  T  T  B  S  I  M  D  H  S  O  D  N  S  I  T  S
R  M  I  P  B  M  W  A  R  C  L  B  N  C  E  C  C  I  N
I  G  D  I  O  C  I  E  N  U  E  A  N  I  A  C  K  B  T
P  T  N  O  I  T  S  E  O  R  C  L  R  U  O  W  O  A  I
S  G  R  I  T  S  L  H  S  E  A  I  L  R  S  K  R  A  D
I  B  U  S  V  T  G  W  O  A  A  D  E  I  L  E  T  E  S
D  S  W  R  C  R  E  A  E  F  R  R  N  S  P  N  R  S  V
R  B  E  E  P  E  A  I  S  O  K  I  N  R  A  E  E  E  S
T  R  H  I  T  W  A  C  N  H  A  S  S  T  N  I  A  H  I
L  N  M  S  P  H  T  D  O  R  S  T  T  R  T  C  T  C  S
```

APPLE BOBBING
BROOMSTICK
CANDLES
CARVING
CAT
CAULDRON
DARK
ENCHANTMENT
FAIRIES
FANCY DRESS

GHOSTS
GHOULS
LANTERNS
MONSTERS
OCTOBER
PUMPKIN
SPIRITS
SWEETS
TRICK OR TREAT
WITCHES

Natural Disasters

```
M C N O O S N O M D R A Z Z I L B N U
N E D I L S D N A L E N O L C Y C D E
E U I N O N O V D O C I A S N E V D N
R U U V T D T E R S A C T D R R N S P
E N G T O R R O O A A S A I O I C T N
I T O A B L T N E A U O F E W O A R N
N S N N L E C O A N O D N L E S L O I
N E C A R P R A A E L A R O C N I F A
E P S C F R N M N I C I W O N T E M S
H M O U N E I A W I H I S I P T L H E
C E O V O A I S R W C H F U M E Z T R
N T L P E R T R O N D E R A L I F H I
A A D O O W U L N O I E R I M B U E F
L C E C D H P B L I C W N U N I T T H
A U E R A T N U N I L T E W P E N O S
V N C P N R D N N O H I N I S T D E U
A E Z L R U A M S T O R M A N P I Z B
E U I V O E I N O O H P Y T P A R O N
S M H R T L O L M E V A W T A E H A N
```

AVALANCHE
BLIZZARD
BUSH FIRE
CYCLONE
FAMINE
FLOOD
HEATWAVE
HURRICANE
LANDSLIDE
LIMNIC ERUPTION

MONSOON
PLAGUE
STORM
TEMPEST
TORNADO
TSUNAMI
TYPHOON
VOLCANIC ERUPTION
WHIRLWIND
WILDFIRE

Security Measures

```
I R V E S R E T T U H S D B N O C C O
R D L L D N L D A G E O U A A A N A S
C G R R T L B H T N I R K S C R E R S
O D A O O L M I S M G L C R S C I K O
E R O T W O D R G L T H O H A P G R C
Y G S O I S H O A A L A L O N T H T L
D E E I R G S R B H O K E E I N B Y A
R O K A C C A A E C B E S C T V O S S
A K U L G L A I P A D P I S E A U I P
C V S B A D E T E C A L T R R S R L C
Y T A R L B N C C H E M R O R C H I E
T C M I C E A A N H D S O O N N O R U
I C M A A R G R T E O H M D N R O L S
T A I N M A O L S C F S O K T N D S E
N B L I E A E O A B C M A R C N W L N
E I H A R S A E S Z R O D B L K A S S
D S A H A H S D A C I O T C R R T A O
I E L C S K S P R R D N D D D S C O R
K C O L D A P E I K Y N G P A I H O S
```

BARS	FENCE
BURGLAR ALARM	IDENTITY CARD
CAMERAS	KEY
CCTV	MORTISE LOCK
CHAIN	NEIGHBOURHOOD WATCH
CLASP	PADLOCK
DEADBOLT	PASSWORD
DOOR CATCH	RETINA SCAN
DOORS	SENSORS
DOUBLE GLAZING	SHUTTERS

UNESCO World Heritage Sites

```
O T S E A F O U E T F O A F E D A R R
A Y T R E B I L F O E U T A T S M L O
R S N T K A E C I N E V F O Y T I C K
L O R D H O W E I S L A N D G R O U P
A C S E T I M O L O D O N I T N E R T
A H I K S E D A L G R E V E O R A E O
T F I T I I A P D W Y L Y N A M B P T
I Y I S Y L Y R E O K D S N B N U H O
E J A N T O D U P T E H O A R I S P N
I E T H P O F E W E R Y N U A E I W H
G A U L R U R B C T N A O I S N M C R
T V W O L A O I A A N D A W I R B T M
I E T O H A T J C T T U R R L H E F T
O L N O M T M D E C H H O N I I L A I
T I U N E A N M G L A K E M A L A W I
B S O E H A P O N E G I N D R D N R A
E E M A R L I S O N O R R B R E N A K
R A L G E K A K A D U I M O D A L S S
L I O S E H T R T I M R I W L E L O M
```

ABU SIMBEL
ANGKOR
BRASILIA
CITY OF BATH
CITY OF VENICE
EVERGLADES
GRAND CANYON
HISTORIC CAIRO
KAKADU
LAKE MALAWI

LORD HOWE ISLAND GROUP
MOUNT WUTAI
MOUNT WUYI
PETRA
PRAMBANAN TEMPLES
ROSKILDE CATHEDRAL
STATUE OF LIBERTY
SYDNEY OPERA HOUSE
TAJ MAHAL
TRENTINO DOLOMITES

Investment Portfolio

```
T O T R R I F F R T S A B E S L E S S
A E S I T R A D E R A S E I D R E H E
U Y K T O E U K I S I U I S N S P U C
B C U R E C N T L L O A N E U S O I U
M A T R A S I E S O I N E I F G R N R
C S I R D M S R T T D C T T U N T O I
I K C L A R D A R R O T E I P I F D T
T E O U O T D N T E U C U D A N O K Y
B B O E L U A O O L E S K O O R L E B
C U E T B N T I A B W C T M R A I O C
R E B I R C S B U S T N A M A E O A E
R E T I R W R E D N U R E O V R P E R
T L E L A U L L O U C T E C I I K O D
G S T P M D R L R R R S I V T R E E B
R E K O R B S E R U T U F A O D I G T
W A C A N A O D S N L U L R I E C Y T
R U L E R T O H T I O O T U R B K R O
T R N R L B L I Q U I D C A S H R A R
A O R E N I L M O T T O B M D E P K T
```

ASSETS	LIQUID CASH
BAILOUT	LOAN
BOND MARKET	PORTFOLIO
BOTTOM LINE	SECURITY
BROKER	STOCK MARKET
CAPITAL	SUBSCRIBER
COMMODITIES	TAKEOVER
EARNINGS	TRADER
FUND	TRUST
FUTURES	UNDERWRITER

Early Computers

```
B D H A R V A R D M A R K I H R A E R
C G V C A C C A A L R A N L C N E E I
E L E I C A N C N K I E A R C E V D A
C O A I S I I G R I E E A O E A I E E
T E D T I N E D V A C I E I T F E I L
R I U N R O C R R I R L U A F R R C T
I S F A A M K E F T A N N E N M E A M
F U C R C F B S I A I A R T R D S M O
C T O R E I B K L V S E I B I N U A F
K E C E E U H T A O N F O A A A Z A E
I C A F V T B C F C I R I I I B A N D
T I R C A A L F E S A E I T A S Y I S
I R A E H C B E C A E S Y D R E I R A
F A H K I E N H R Z A D N K L L F O C
R L A L R G A R F S M A M T L R T D U
A Y S R I N A M A A R R F I U R A A D
C O Y N B S A A A F T U A C S I S T N
E C E E N I H C A M K C O L L A M A Z
E A C Y H K E I E U M C M C A O I R T
```

ATANASOFF-BERRY	HEATHKIT
BABY	ILLIAC
CSIRAC	LEO
DATAR	MALLOCK MACHINE
DIFFERENCE ENGINE	MONIAC
DYSEAC	TIFRAC
EDSAC	UMC
EDVAC	UNIVAC
FERRANTI	UTEC
HARVARD MARK I	ZUSE

Words with Five Letter 'I's

```
I  L  M  S  E  I  T  I  L  I  B  I  S  I  R  I  B  E  E
I  E  C  E  E  Y  T  I  L  I  B  I  S  I  V  N  I  I  P
Y  S  E  I  T  I  L  I  B  I  T  A  P  M  O  C  N  I  Y
A  T  E  T  T  L  T  I  P  N  B  I  N  T  I  B  C  T  T
E  S  I  I  G  S  N  I  B  F  S  T  R  I  Y  I  I  N  I
D  E  E  L  T  N  I  S  L  E  R  S  S  T  N  L  V  S  L
Y  I  I  I  I  I  I  I  N  S  A  O  S  I  I  I  B  I  I  I
T  T  V  B  T  B  L  T  O  S  I  L  B  B  I  L  L  L  B
I  I  I  I  L  I  I  I  I  I  I  C  I  I  N  I  I  I  I
L  L  B  S  S  N  R  G  B  B  T  G  I  O  G  I  T  C  C
I  I  V  N  S  I  B  A  I  I  I  I  I  F  L  A  I  I  S
B  B  E  E  G  C  B  S  L  L  G  H  B  S  I  B  E  F  I
I  I  N  S  N  S  S  I  E  I  L  N  N  I  I  T  S  I  M
C  G  L  N  I  I  T  N  L  T  M  E  A  I  H  G  R  C  M
N  I  S  I  M  I  I  C  T  I  I  I  T  T  S  X  T  A  I
I  L  I  D  L  B  S  I  I  E  T  I  S  N  N  I  E  T  T
V  E  A  A  T  B  I  E  B  S  I  Y  G  S  I  I  D  I  T
N  N  I  M  P  O  S  S  I  B  I  L  I  T  I  E  S  O  I
I  E  G  I  I  I  E  M  I  L  N  L  S  E  T  D  N  N  L
```

ARTIFICIALITIES
DISINHIBITING
DISSIMILARITIES
DIVISIBILITY
ELIGIBILITIES
EXHIBITIONISTIC
IMMISCIBILITY
IMPOSSIBILITIES
INADMISSIBILITY
INCIVILITIES

INCOMPATIBILITIES
INELIGIBILITY
INFEASIBILITIES
INSENSIBILITIES
INTANGIBILITIES
INTELLIGIBILITY
INVINCIBILITY
INVISIBILITY
RISIBILITIES
SILICIFICATION

Game of Cricket

```
M M P A S N W O A N T L A Y K V N M Y
R E D L E I F G C C N S U O D O A H T
S O B N R A B H U P A O T U N I O U C
E M F N S S E L I M E N C U D E A H U
T Y N M H B S A M S O K D E M U C B E
S H O R T L E G A F A I N I V P W L I
P D A T C U B L I N O D I M Y L L I S
R R Y H O L Y R A D N U O B R N O E M
O F A O L E I K R L H R I Y E I L G D
L U B N U B N S N O T S B N O B A L P
L L O O C E N T U R Y T Y S I D D U I
I L W D B Y U Y U I H A E N I U I H M
N T L S R E P I T G L M C U R D R S R
P O W R D I I U U W A Y E R Y L I M O
I S T A B T V A M E O R I Y I A M E L
G S A O C C C E S M I I D N S L L B L
H T L C K S D E K P E W L M O R G O C
S G N I N N I F M T M B I G Y A R W G
G U T K M S L U G U L L G A B I T I D
```

BAT	HOOK
BOUNDARY	INNINGS
BOWL	LBW
BYE	MAIDEN
CAUGHT	RUN
CENTURY	SEAM
DRIVE	SHORT LEG
DUCK	SILLY MID-ON
FIELDER	STUMP
FULL TOSS	UMPIRE

Go Faster!

```
O A V N O E L G G I W A T E G N A P R
T H T I L I A T H G I H I L A M T O K
E U O R G E T Y O U R S K A T E S O N
M T O T Y L N P S K A A G C I T A O O
E S P R P L O Y H G E L A E K A H S A
W A U O E U O O P U T C G P S K I K P
P G K S O G T P K P I I O N O T D E O
O E C L G L N Y A S A G O Y T A M Y H
L H U E L N I I O T H N O T V Y Y A C
O T B E S L I U F U O A S A P O K I P
O N U H K T E K E R R U R T L M O C O
K O L R P S E H C R U F A P I L U S H
A P U U E G G P E A O O O N R E O J C
L E U O C G H T O K R S Y O O N K U L
I T C Y O R S U R N I C C L T E I A T
V S L W A G I N W K I L T G L D M L M
E L A O A G T N O Y M T N E E U O O M
O T T H G N O L A E M O C U G N P W C
P O P S G G M K H O A I H T R R A E N
```

BUCK UP	LOOK ALIVE
CHOP-CHOP	LOOK SHARP
COME ALONG	MAKE IT SNAPPY
COME ON	PULL YOUR FINGER OUT
GET A WIGGLE ON	PUT YOUR FOOT DOWN
GET CRACKING	RUN LIKE HELL
GET YOUR SKATES ON	SHAKE A LEG
GO ALL OUT	SHOW YOUR HEELS
HIGHTAIL IT	STEP ON IT
JUMP TO IT	STEP ON THE GAS

Cuts of Beef

```
K S R E R K A E T S E Y E B I R O N C
T T S E T C I B S C N O A O K R E K E
F I K K D I H F M I R G E K K S U L N
I I N L A N C U O U I S A A O B F S I
L E F E R L E L C R N E E K P I E D O
E E E A O R R T R K T T O I R R E S L
T K T D E E O A R S S I R R K T K K R
M R F U D T B T E E T T F L E R A I I
I L E N I E R B N N D S E A O O S R S
G S E K R I U O D E R L B A T H E T P
N T H B T C B T I N O N U S K S K S O
O A O I A T T O N K A F E O H K K T T
N S P C R I I R S N K E E T H A B E H
L L K A E T S E Y E S E P O P S N A A
T R C H A T E A U B R I A N D L L K S
I K B K K R F L A T I R O N S T E A K
H C U E C I D P T T O U R N E D O S B
H N T P L A T E S T E A K R F R R S D
T R N B N O R L K A E T S P M U R H O
```

CHATEAUBRIAND	SHANK
CHUCK STEAK	SHORT RIBS
CLOD	SHOULDER TENDER
CUBE STEAK	SKIRT STEAK
FILET MIGNON	SOBREBARRIGA
FLAT IRON STEAK	T-BONE STEAK
PLATE STEAK	TENDERLOIN
POPESEYE STEAK	TOP SIRLOIN
RIB-EYE STEAK	TOURNEDOS
RUMP STEAK	TRI-TIP

Racket Sports

```
S L D N M E A A T B E H A L Q E G E A
O A S O L D T T E Q S S B D L K N Q A
L R I T L O S Q I A N B A L L C O I I
I A N N B L I S U C S R P J A I P N S
H C E I E S A Q B N H R L L P T G A P
S Q T M N A S U E S S I A T O S N I E
A U N D A T O L E P E U Q S A B I N E
P E O E E E E L R E N L X U S S P L D
R T R E L D S A G O L A A S C N S L B
D B F P C B C O T P S L R O P B L A A
A A U S L K T N F I L I E O I L A B L
K L M L E T I L N T A A B E A P C E L
N L B T E M A N Q L T I I B T D R L B
G E L I D D E T A N B E E D E A O D A
I O L A U T A I E Q I L N I U L S D E
N T B S L N A P S P K E Q N E N S A I
A K A A N J O S L C R E R A I O E P E
T Q E D X P S B I N B B A I N S N F I
P R A E D I C P A T L L A B D I P A R
```

BADMINTON

BASQUE PELOTA

FRONTENIS

JAI ALAI

LACROSSE

PADDLEBALL

PADEL

PICKLEBALL

PING-PONG

QIANBALL

RACKETLON

RACQUETBALL

RAPID BALL

REAL TENNIS

SOFT TENNIS

SPEED-BALL

SPEEDMINTON

SQUASH

STICKE

XARE

Sandwich Fillings

```
S H P I U E T I M R A M T O E R G E G
A O U A N P N E O C E N U L B I O C E
E O O A M U O T Y P U M I E O N M H A
R C E T M D N I K R E H G N E N R E E
E E U O N C R S A L M O N P O O S E A
U A P T P O L M N U R O A R A U A S N
U B I P T P O A N E C L A S T M U E E
C P A E E E T Y U J A N T E S H S N J
U N A C U P L O E J A B R C C A A M H
H M O I O S A N E C E U F E N U G I R
U R E J O N M N J E N C A G C A E G S
D R A T S U M A F J R E B M U C U C E
N R A N I M A I C A C A O I N C E P Y
A E T U T N L S E M B N N W A E R T M
E A K S N A S E E N U U A A E N F B E
C E M C A N N A P S U T H C R P R S L
L T R O I E O S U C N R O C T E E W S
U E H O A H N E L D T H L U E M O D J
B K C O O O C E N T M A H T O N A O J
```

BACON	LETTUCE
CHEESE	MARMITE
CHICKEN	MAYONNAISE
CLUB	MUSTARD
CUCUMBER	PEPPER
EGG	ROAST BEEF
GHERKIN	SALMON
HAM	SAUSAGE
JALAPENO	SWEETCORN
JAM	TUNA

Vehicles

```
T  L  S  I  T  O  A  R  I  C  L  E  S  M  O  M  A  O  K
I  P  I  K  B  E  E  O  E  O  C  T  E  R  R  O  G  E  T
E  L  R  G  O  A  S  W  C  L  S  R  E  A  N  R  I  A  I
M  G  R  R  A  M  E  E  A  G  L  L  E  M  L  O  X  K  T
R  I  M  I  T  Y  M  N  T  H  L  O  A  B  B  I  N  C  G
C  S  T  T  E  I  N  O  O  O  S  A  R  O  A  F  M  U  C
L  I  T  T  E  R  O  E  R  P  M  K  A  D  I  E  E  R  I
U  R  G  E  R  I  M  M  S  B  L  D  C  R  A  H  A  T  T
S  L  A  R  R  T  A  A  U  I  E  C  E  I  O  O  T  G  H
P  R  X  I  T  E  W  L  R  P  I  E  O  U  R  E  R  E  A
T  I  G  T  T  O  A  I  O  T  N  T  T  N  E  D  W  D  C
L  O  H  S  K  N  B  M  N  G  R  I  A  I  L  J  U  I  N
R  O  R  S  C  O  E  O  I  A  M  E  O  C  C  E  R  I  C
Y  N  R  E  I  O  I  N  G  I  I  R  L  Y  Y  T  O  E  K
O  C  O  A  C  H  E  U  I  G  O  I  F  C  C  S  U  F  A
M  R  E  T  O  O  C  S  T  L  A  D  K  L  I  K  A  C  A
O  H  E  O  L  O  Y  M  B  L  B  N  L  E  B  I  S  K  O
L  E  U  Y  N  A  T  E  L  O  E  A  I  L  O  R  R  Y  Y
N  R  R  X  T  T  C  T  A  A  C  R  M  A  W  E  E  R  C
```

AMBULANCE

BICYCLE

BOAT

COACH

FIRE ENGINE

GRITTER

JET SKI

LORRY

MILK FLOAT

MOPED

RICKSHAW

ROADROLLER

SCOOTER

SHIP

STEAMROLLER

TAXI

TOBOGGAN

TRAM

TRUCK

UNICYCLE

Varieties of Lily

```
C N R I N O M U A V O N L E A C N T A
S L J O E B R I E P R M N N T I I R R
A A J R S A M E C C E A T U R I B G E
N A A I I H I T P H B D A D I B S A N
D R P S A B J L R R I R T O U T D C A
H R A E S R G E U I O G A T M L L E H
I O N O B U M T A A P H A A P A S N T
L A E B A R M H R A L L V N H E N D H
L S S L A R I M T A I L I S A R B A I
S I E I O L A I E A N M U S T N R I E
A E B O A A N I A R A C S J O I T R S
R R S B S O T O T A P A U E R S E A I
E E E O S R L M A I I A P N O A E N R
T A A U R I A I S R A G L R O N P A P
S R B R I B A T I G P R B A S E L N R
A A A E D N O M A D O N N A C I I I U
E B G B R T P N U R E G I T I E U T S
L N I I O M H A N S N C A R O L I N A
I C A E S S U I A E S I R N B U N A I
```

ARENA
ARIADNE
AVONLEA
BALI HAI
BRASILIA
CAROLINA
EASTER
JAPANESE
MADONNA
MICHIGAN

SANDHILLS
SIROI
SORBONNE
SUMMER PALACE
SURPRISE
TIARA
TIGER
TINOS
TRIUMPHATOR
TURBAN

Breeds of Cattle

```
W D L E Y G E N I T L N N G G E N C E
D W E U S H I G H L A N D O Y R O D D
E X S L I H Y I N N U E E B J U V D L
S R O R I N K I D E N D R T Y B E R A
Y L E L F O G R E B A I I L R X D O Y
G I W N K R M W S W T W N D E E R F R
U N S T G K I H E I E R H L R S A E S
E C W K D L L B S P B L X L S S G R H
R O O R R S I H R I G L S I D U C E I
N L E A A E W S R E R V I H R S G H R
S N J P R H T S H I D I T E B E E N E
E R H E I G E S I L Y P T R A L E G A
Y E Y T I Y R R E R O X O R O G A U R
I D E I R E E P R C E N Y L E G D C L
H D H H E S N E I D U B G C L L J H K
H G H W B R K E Y U H O O H J I S A R
U S B E T E K S N T E R L N O R C H D
I A O L C J A U B L P R H G S R L I A
G H Y I R H R G A L L O W A Y N N N R
```

ANGUS
AYRSHIRE
BRITISH WHITE
DEVON
DEXTER
ENGLISH LONGHORN
GALLOWAY
GLOUCESTER
GUERNSEY
HEREFORD

HIGHLAND
IRISH MOILED
JERSEY
KERRY
LINCOLN RED
LUING
RED POLL
SUSSEX
WELSH BLACK
WHITE PARK

Branches of Engineering

```
N N S T S R L O R A R N O M N O E N W
R L A E U R L P R M E G I I S Y C C T
E T L N C C I O C L O A R O A E N L U
W R B I O R S I Y A W L I A R R T I C
O O W N R A U T I E A A E U A I S V I
P P T A E L I O R A S R E C M E N I N
D S A C N A A N S U E O A W U R R C O
U N P O E C S C D E C M P E U L E I R
A A P L R I I E C U R T I T L E A I T
C R L E G T O S C A S R U L I C A R C
L T I C Y S C U M R T T E R I C U T E
O L E A V U U R R T B S R T A T A N L
M A D L B O A I R I A D S I A L A L E
E A T E C C I C P N T M N E A W P R L
R A I T A A D A C T R O O E C L R E Y
U G E O T E C H N I C A L N I O C R I
E S U I N U T S S W L T C S C A R O C
S I I P E T R O L E U M D L E I E P M
L T P S E C I V R E S G N I D L I U B
```

ACOUSTICAL
APPLIED
BUILDING SERVICES
CIVIL
ELECTRONIC
ENERGY
GEOTECHNICAL
INDUSTRIAL
MILITARY
MOLECULAR

NANO
NUCLEAR
OPTICAL
PETROLEUM
POWER
PROCESS
RAILWAY
STRUCTURAL
TRANSPORT
WATER RESOURCES

Branches of Medicine

```
S I R E D Y G O L O H T A P T O Y Y Y
Y E T E Y T O S C I R T A I R E G T M
G O S O O G E R O N T O L O G Y S Y Y
O S I C P S Y C H I A T R Y S O P I O
L I M S I T I T Y T Y M S S R L R C P
O H M T R D R N E G U R T T A Y S H T
I N U S O S E S E S O N A S A C Y I O
D E N L I L M A C U T L T O I R O R M
R R O R A Y Y I P Y R I O T E U I O E
A P L T H T R R G O C O E C R S U P T
C R O N E T C O T S H H S O N O T O R
S C G D E A L E U S T T L U R O A D Y
T O Y T C O A R R S I O R L R N R Y M
Y T S Y I R G N E O G T T O B G G O T
T B E D T E E A T Y L L N O Y O E U S
O G A S R O N O Y O M O M E S G T R C
O R L Y S A O P T U T U C A D U H R Y
G C R R H R L Y Y G O L O T A M R E D
A N R A L U C S A V S S U L T S Y N E
```

ANAESTHETICS
CARDIOLOGY
CHIROPODY
COLORECTAL
DENTISTRY
DERMATOLOGY
GERIATRICS
GERONTOLOGY
IMMUNOLOGY
NEUROSURGERY

OBSTETRICS
ONCOLOGY
OPTOMETRY
ORTHOPAEDICS
PATHOLOGY
PLASTIC SURGERY
PSYCHIATRY
RADIOLOGY
UROLOGY
VASCULAR

Proteins

```
G E Y T L C N I T A R E K E I O T Y T
P A L R T I A G M O S S E I N P U A N
N S N A I U G P M Y H U B B I P N C I
N E P I S T B P S R O I M O M E O T M
E E M M P T O U N O I S R U T N V I A
I A L U L Y I P L I M O I E R N A N L
R P B B B P B N S I M E E N E E L O O
E S I M N L I R S I N U R N E L B M R
C E T N M U A O B L N O G E M O U I P
E O L Y M P H O K I N E T E I N M M E
M B M N C E T E E S B N I T L E I P N
I E O L Y N E G O B M O R H T B N I L
C E N A T N E R N V N I N E T U L G K
I O N E O L L T M C M R I N N M N I C
I I L L K P R E R T L P I O G P P N N
E E I T I A N E L I I K I T A M G N T
A K U O N S N E G A L L O C L R Y N B
P G M F E I K N G B V N B E I A K M M
O L N I N B S F I B R I N I E B U B I
```

ACTIN
ALBUMEN
CAPSOMERE
COLLAGEN
CYTOKINE
ELASTIN
FIBRIN
GLUTEN
KERATIN
LEGUMIN

LYMPHOKINE
MYOSIN
OPSIN
OSSEIN
OVALBUMIN
PRION
PROLAMIN
RENIN
THROMBOGEN
TUBULIN

Greek Gods

```
O R E P U T E T O O P S U E L A R E A
A T H O O I R T I O O E A D U T S C S
N I Y U T A U L S C H R E E O O M H U
R T P O S H S E S E O A C M E D E E N
R S N N S U I S L S O E S Y N P H O A
E S O N L D S I O E S S S N H L S N E
L L S O O I O E D A N E I A N S E U C
I D E N T S E S S S S E E G E P M I O
C A O T P I C C U L A S S E R O R P O
A T A L N I L E E E T A O P E L E N R
S S H S S E D A H U H S S P U M H H H
E I S E P E P H S S L P I E S H S S D
E S A I A P P S M A S A R N O C N R P
T N U P T L C S O L I S O O O P S S P
L S S O T A N A H T E D C O M D S E O
A C A L P I O S R A A S T A O U A U O
D T S S A H C R O N U S N C Y T S H O
L C O A H N N P A P O L L O C U S N N
L O E O I O I N A P E R A A S L Y S P
```

ADONIS	HELIOS
AEOLUS	HEPHAESTUS
APOLLO	HERMES
ARES	HYPNOS
ASCLEPIUS	MORPHEUS
ATLAS	NEREUS
ATTIS	OCEANUS
CRONUS	PAN
GANYMEDE	POSEIDON
HADES	THANATOS

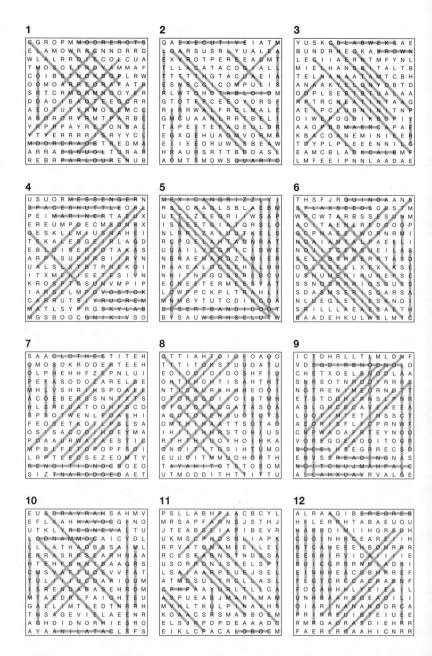

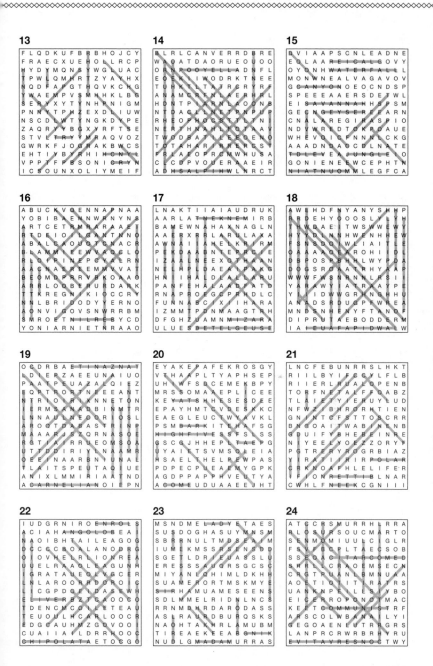

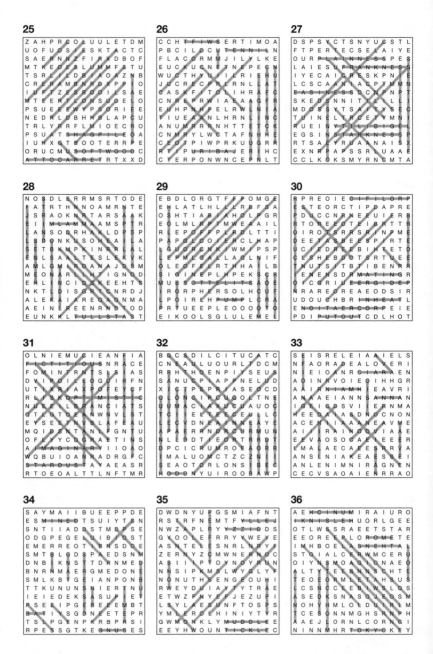

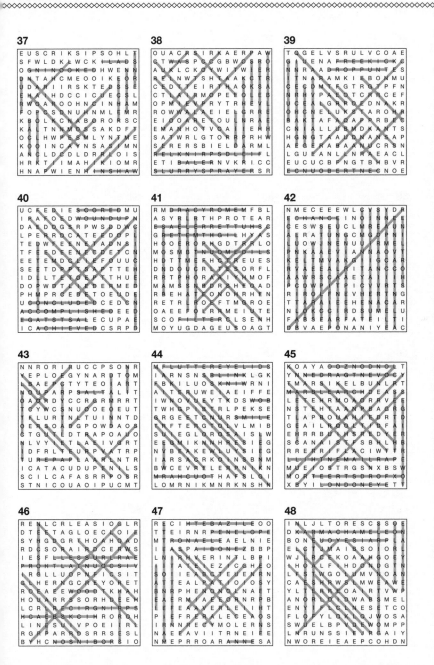

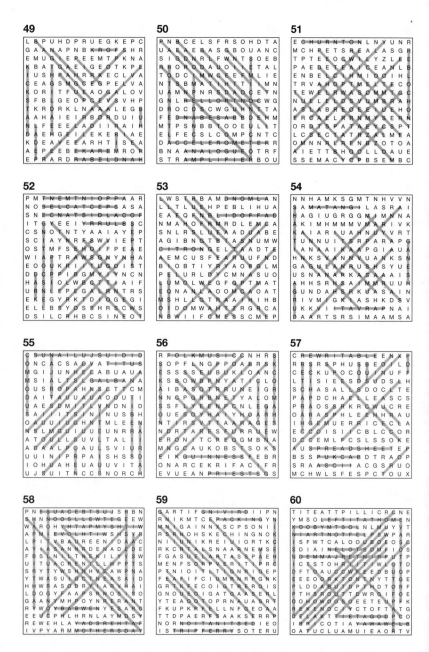

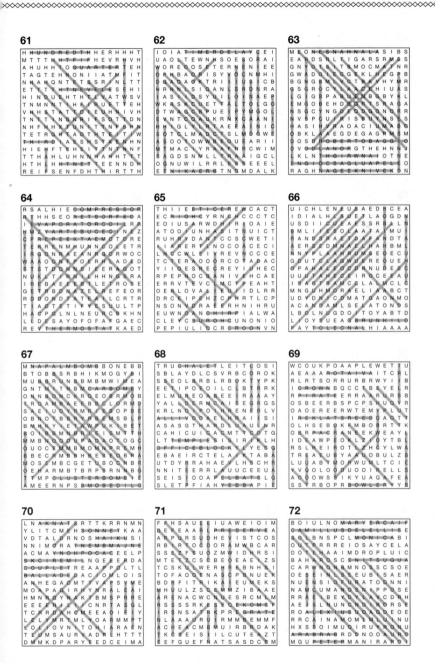

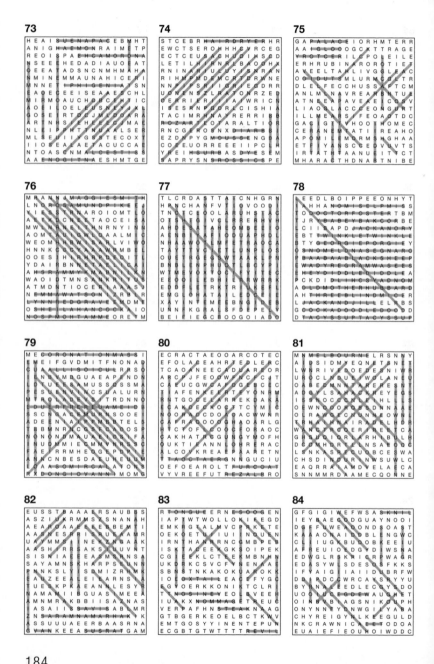

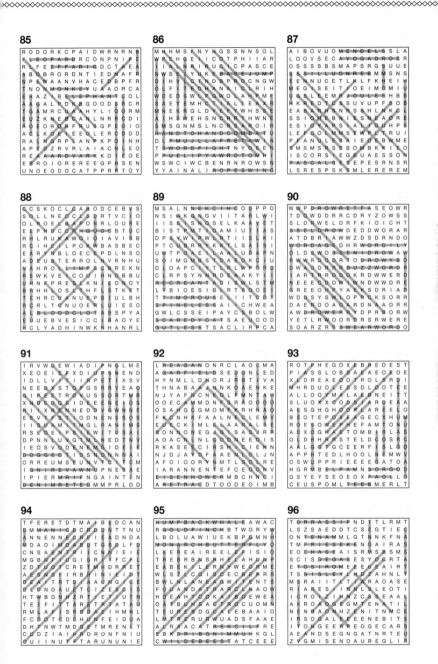

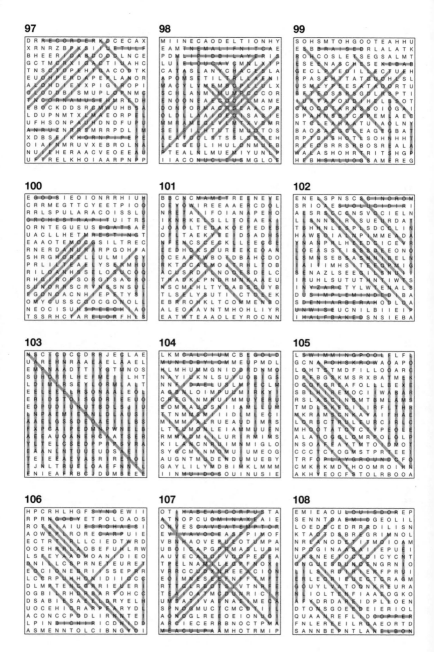

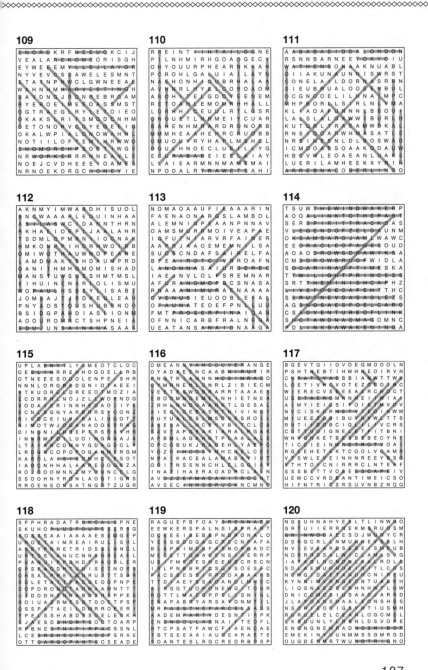

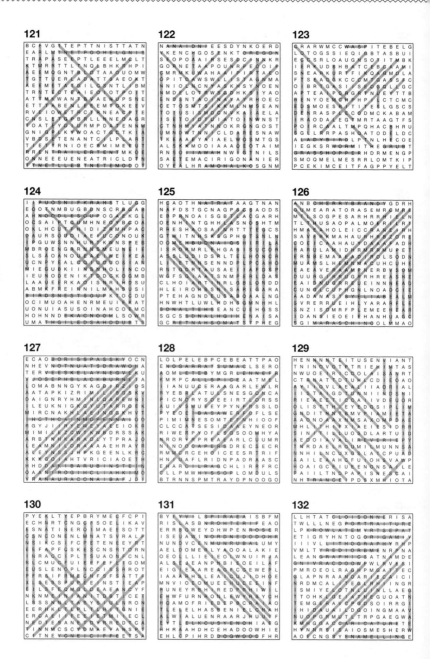

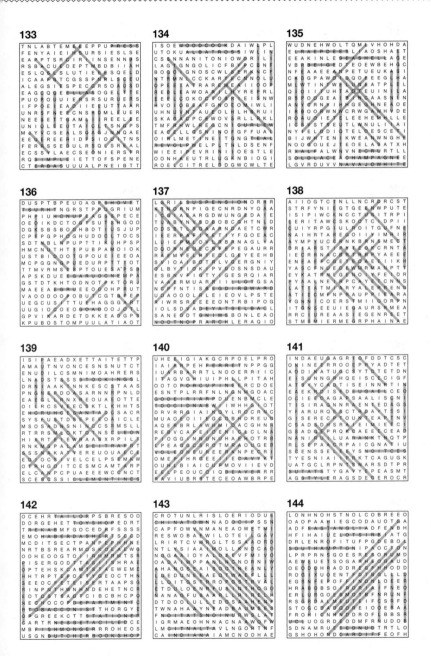

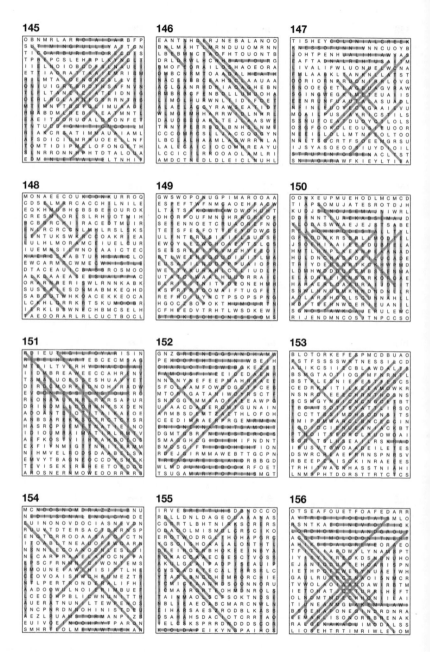

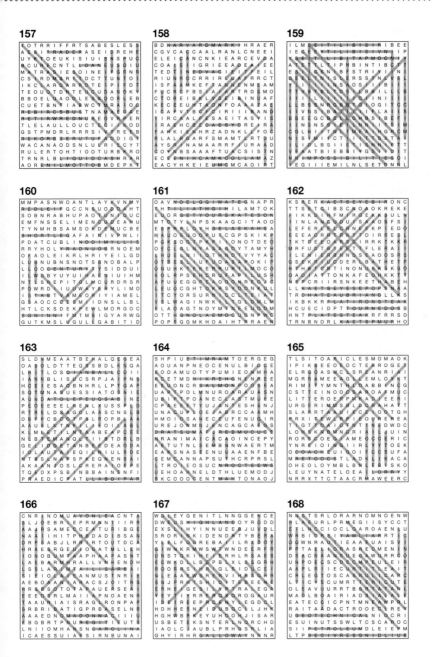

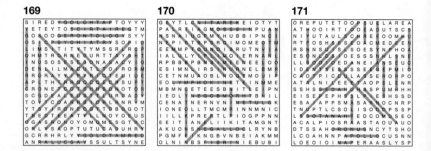

169

170

171